Parisian Charm School

巴黎式魅力

[美] 杰米·卡特·卡伦 著　潘不寒 译

Parisian
Charm
School

中信出版集团 | 北京

图书在版编目（CIP）数据

巴黎式魅力 /（美）杰米·卡特·卡伦著；潘不寒译. --北京：中信出版社，2021.6（2022.1重印）
ISBN 978-7-5217-2250-5

I.①巴… II.①杰… ②潘… III.①生活方式－通俗读物 IV.① C913.3-49

中国版本图书馆CIP数据核字（2020）第204066号

巴黎式魅力

著　　者：[美] 杰米·卡特·卡伦
译　　者：潘不寒
出版发行：中信出版集团股份有限公司
（北京市朝阳区惠新东街甲4号富盛大厦2座　邮编　100029）
承 印 者：北京中科印刷有限公司

开　　本：880mm×1230mm　1/32　　印　　张：7.25　　字　　数：150千字
版　　次：2021年6月第1版　　印　　次：2022年1月第2次印刷
京权图字：01-2020-1237
书　　号：ISBN 978-7-5217-2250-5
定　　价：49.00元

策划编辑：郝　兰　　责任编辑：刘　杨　　营销编辑：陆　琮　张旖旎　易晓倩
新媒体编辑：刘天怡　　封面设计：门乃婷工作室　　内文制作：申亚申

服务热线：400-600-8099
投稿邮箱：author@citicpub.com

致　塞　尔　维

目录

序言

这是九月底的一个星期三下午。我去拜访神秘的M女士，跟她学法语。因为是第一次见面，我于三点准时来到M女士家。好吧，我承认，实际上我是三点七分才到。路上我开着车穿过她别墅前面的一片树林，狭窄不平的小路两旁长满古松，似乎在轻声提醒我不要打破凉爽秋后空气的宁静。

我把车子停在了一辆银色的旧凯美瑞后面。来到她家门前，我感觉自己仿佛置身童话王国：台阶的石头是心形的，门环是蜻蜓形状的，这一切都令人着迷。当M女士给我开门时，我正在想着那首叫《穿过河流和森林》的歌。

她是一个不显年纪的女士，说实话，我猜不出她的年龄。M女士用一根法式捻绳束起亚麻色的头发，身穿米色的羊毛衫和不太搭配的铅笔短裙。她涂着淡粉色口红，一条玫红色的丝质围巾巧妙地围在脖子上。她朝我微微一笑，我竟不自主地把她当成了去世已久的法国外婆，那感觉就仿佛是外婆又活生生地站在了我的面前。此时此刻，我意识到一段新的故事即将拉开序幕。

我想请M女士教我讲一口流利的法语。那个时候我还不知道，自己即将学习的不仅仅是流利的口语。跟着她，我将深入地了解法国女人的秘密、诱惑的奥妙和充满魅力的语言。

M女士用法语向我问好后，便领着我进屋了。壁炉里的火苗散发出暖意，旁边桌子上的小花瓶里插着野花（后来我了解到她每天都要去小树林散步，然后带些野花回家）。接着她转过身来，用睿智的目光看着我，用法语说道："La ponctualité est la politesse des rois."

M女士一直耐心地等待着我去弄清楚这句法语的含义。我潜入记忆深处，开始重构那些从法语课和数次造访巴黎的经历中积攒的法语词汇后，弄懂了这句话的意思——"守时是王者的礼貌。"

自此，我再也不迟到了。

当然，如果确实要迟到一小会儿，我会打电话告知她。M女士总是用法语回答我：“别担心，专心开车。”

几周过去了，几个月过去了，几年的时间也慢慢流逝了。我们一起阅读有关巴黎的颓废主义诗人和法国农民的诗歌，一起翻译魏尔兰和伏尔泰的诗歌，一起品味蒙田的哲学。我们也谈论政治，讨论法国人和美国人的差异。有时候，我们会忘记我的学习目的，转而用英语展开讨论。我们之所以这样做，是因为M女士要传递给我的信息过于重要，有些句子经过翻译反而会失色和改变句意。

我们曾多次谈论爱情，也经常谈论男人。我们探讨过女人该如何在初次碰面时，不露声色地吸引男人的注意。M女士告诉我：让男人抱有长久的好奇心很重要，这是让爱情保鲜和发展的基础。我们谈论了法国晚宴和她那二战时期被侵略的家乡小镇。我们还聊到她如何遇见一名美国大兵，然后去美国卫斯理学院教英语的经历。

时光流转，我的法语水平逐步提高。除此之外，M女士还教会了我比虚拟式动词变位规律更为重要的东西——魅力的力量。

是的，魅力。这就是法国女人令人无法抗拒的秘密，也是她们得以顺利捕获他人之心的关键。总之，法式诱惑的秘密，法国女人追寻和守护爱情的秘诀，以及法国女人享有神秘和时髦的美誉的奥秘，毫无疑问，这一切的奠基石都是魅力。实际上，M女士给人最高规格的称赞就是“很有魅力”。

自从我跟着M女士学习法语后，发生了很多事情。举一个例子，我已写了三本关于法国女人的爱情秘诀方面的书。为了收集素材，我多次来法国旅行，寄住在许多巴黎女人家里，有时也会去乡下的小镇居住。2009年和2016年，我先后两次获得弗吉尼亚创意艺术中心的艺术奖金资助，得以在法国西南部的奥维拉尔住上一段时间。我曾在图卢兹、贝桑松、里尔、第戎、日安等地会友，还在挪威发现了法国祖先的家乡。我乘坐火车和汽车游遍了几乎整个法国。当许多人都在巴黎和普罗旺斯享受快乐时，我发现法国和法国人真正的核心是在那些被人遗忘的村庄里。虽然小村庄里的有些法国女人偏胖，她们有时也会忧郁，一度放弃生活的乐趣，但是她们的生活依然充满魅力。

所以，在过去十年里，我把研究所有与法国相关的事情当作自己的使命。我总共采访了超过1000名法国男女，包括教师、艺术家、医生、律师、行政人员、药剂师、时装设计师、售货员、发型师、美学家、工人和美容顾问。

我可以骄傲地说，我是卡多勒夫人的好友，她是法国高级时尚内衣品牌梅森·卡多勒公司主管，还是哈米妮·卡多勒夫人的长孙女。哈米妮·卡多勒夫人在1890年设计出第一件时尚文胸。我的密友还包括伊丽莎白·巴德（《巴黎妙滋味》和《普罗旺斯的野餐》的作者）、凯特·坎普-格里芬（《裸露巴黎》的作者），还有住在图卢兹的法国医疗系统高级特派员比阿特丽斯，以及生性自由不羁的艺术家、摄影师兼翻译塞尔维。塞尔维是我交到的第一个法国女性朋友，我经常在她位于巴黎左岸圣日耳曼大道的工作室的长沙发上留宿。

我在之前的作品里提到过塞尔维。杰西卡·李把她介绍给我，然后她为我的新书《法国女人不单睡》举办了第一场法国女孩派对。经由那帮她介绍的慷慨的朋友，我得以了解到更多有关法国女人的事情以及她们的爱情故事。塞尔维曾带着我和杰西卡走过拉丁区弯弯曲曲的街道，横跨塞纳河，经过许多的书店，造访了卢浮宫、杜伊勒里宫和奥荷塞博物馆。我们去过数不清的咖啡馆，一起爬过圣心大教堂的台阶，品尝过很多红酒。我们一直聊个不停，一起探究法国女人的秘密。塞尔维还向我和杰西卡分享了她对法国女人不爱约会却热衷于参加晚宴这一现象的看法。

塞尔维向我展示了如何在左岸购物。她带我去了她最心仪的巴黎时尚精品店。当我对法国女人的行为做出过于笼统的评价时，她会以这种方式来反驳我的观点。我想这或许是我最欣赏的法国女人特质之一——她们喜欢挑衅你，让你时刻保持警惕。这对像我这样思维跳跃的人来说，无疑是一份难得的礼物。

我还要特别感谢塔尼亚·福瓦特，一个陪伴我生命旅途的法国朋友。我们在挪威一起驾车出行，前往我祖辈居住过的圣尼古拉斯·阿利蒙特小村庄，还拜访了我的曾祖父和曾祖母举行婚礼的教堂。

法式魅力与你拥有的财富多寡毫无关联，也无关你是否漂亮。

我发觉寻根之旅让我真正理解了“法式”，以及拥有法式魅力究竟意味着什么。法式魅力与你拥有的财富多寡毫无关联，也无关你是否漂亮，是否招人喜欢，是否有广泛的社会关系，更与你拥有多少件外套毫无关系。它与你如何充分利用自己所拥有的一切息息相关，更重要的是，你如何应对生命中的种种挑战。

法国女人已经向我展示，她们文化遗产中的一部分就是“佩戴一朵花”。事实上，她们习惯于在任何事情上“佩戴一朵花”。这意味着，即便你的夹克衫穿旧了甚至破损了（许多法国女人在二战后穿起了夹克衫），你依然可以在夹克衫的翻领里别上一朵小花。事实上，在衣服上别一朵小花是勇敢的行为，它代表反抗。

或许这就是法国女人不论是居家还是出门在外，总是如此在意着装的原因。她们深知，举止有修养，着装有品位，会让周围的人愉悦。更重要的是，会愉悦自己。当她们出门在外时，她们的勇气和魅力会给整个世界带来生机和勇气，她们自己也在这个过程中感受到了尊严、希望与快乐，以及吸引男人目光的满足感。

现在，这种目光对我们来说或许是一种警示，但事实上，一旦涉及着装和风格打扮，尤其是涉及浪漫关系时，法国女人又是保守的、细心的、体贴的。

你也许会觉得，关于魅力的说法有些陈旧过时，只会让你联想到祖母辈所谈论的话题——如何帮助一个少女找到丈夫，这可能只是你在简·奥斯汀读书会上所谈论的一个名词，或是《唐顿庄园》中的某些场景。我时常在想，人们为何要抛弃“魅力”这个词，却用真人秀节目里的礼仪与道德取而代之？在这些电视节目中，魅力早就被那些为吸引观众眼球而故意大喊大叫的表演消磨掉了。

现实就是如此，当我们谈及私人爱情生活时，我们便进入了一个后现代、炫酷、重科技式的反浪漫时代。在这样的时代，魅力的含义可以是交友网站OkCupid上的一个媚眼图形，可以是Tinder平台上的一条恶评，也可以是一则让我们感觉自己仿佛正被肇事车辆碾压的挑衅信息。在这样的时代，女人们发现，跟一个男人面对面交流，谈笑风生，慢慢地谈情说爱，变得困难。当网恋成为一件“不想做但必须做的事情”，必然会带来更多线上和线下的孤独。

许多女人，还有男人，早已放弃了率性而为的想法，抛掉了对一见钟情这种奇迹的期待，即那种你认为自己上辈子就已认识面前这个男人的感觉。

已婚夫妇时常发现他们已经被忠诚的誓言所困，甚至隔离。他们一方面依然相爱，一方面经常困扰于婚姻的束缚。这是因为许多夫妇的婚姻状态已经变得毫无激情，他们的伴侣关系已经程式化为一种可预测的、绝对安全的例行公事。

如果你离婚了或是寡居，正在寻找伴侣，你很快就会发现当你过了美式约会期，你的爱情世界便毫无疑问地转向了无趣的方向。是的，我们渴望爱情、激情和陪伴，但作为成年人，我们理应明白人们并非总是未卜先知和诚实，我们最好时常保持警惕，并在开启一段新的关系前三思而行。与此同时，我们又会听到一个声音在高喊“为什么要等待？”，我们的生活节奏很快，如果你仅仅是要寻找一名性伴侣，那么很容易就能找个愿意合作的人。但最终你是否感到满足，特别是当我们的目的并非仅是获得一份暧昧，而是在真正寻找一份美好的、魅力无穷的、能令人感觉心满意足的感情时。

在一个爱情成为交易的世界里，魅力是没有存活空间的。我们通过智能手机就能订购各种东西，享受科技产品带来的高速与便捷，似乎生活中的一切都是可以预测的。然而，谁会愿意度过这样一个已被预见的人生呢？

魅力不能通过搜索引擎获得，魅力需要培养。

寻找真爱是需要时间的，还需要耐心、专注和清楚你此生要成为什么样的人。即便你在网上找到自己的爱情，也要知道魅力不能通过搜索引擎获得，魅力需要培养，而这要花费时间、耐心和智慧。

是的，智慧。

我们可以从法国姐妹们身上找到线索，然后在为自己开创一个充实人生的同时开始寻爱之旅，哪怕最终的结局是孤独、伤心和对爱情的心灰意冷。

我们可以通过沟通的艺术、优雅的举止、和谐的共舞以及相聚的晚宴开启自己的转变。让我们一起加强对艺术和自然、自顾和自爱，以及最重要的精神生活的感受。即使你认为自己知道一切，也建议你再看看这些经过时间验证的技巧，就当作一门进修课，学习如何变得更迷人。

你可以把这本书当作一本教材，其中每一章节都是一门独立课程，从中你可以了解到法国女人是如何活得自信、美丽、勇敢和睿智的。在每章的末尾你都会读到相关的课程内容，它们能够帮助你将巴黎式魅力融入自己的生活。同时，你还会发现一些留给你的小练习和提升个人魅力的小技巧。

最后，一定要有耐心，温柔地对待自己并满怀信心。当你学完全部课程，你就毕业了。如此，你便不再需要苦苦地追寻爱情了，因为爱情会找到你。

1

智慧是新时代的性感

增长才智：读书，读书，读书，

把阅读当作精神食粮。

真正的优雅源于内心，

你若拥有一颗美好的心灵，

便拥有了与优雅相关的品质。

——戴安娜·弗里兰

巴黎现在是九月，正值学生陆续返校，我们常把这个时节称为开学季。然而在法国，它包含的内容要丰富得多。因为就在九月，大批法国人从他们为期五周的假期归来，在享受了美妙的日光浴，养精蓄锐之后，准备开启崭新的生活。这个时节也恰逢巴黎的几场盛会：时装周、复古沙龙、园艺节以及巴黎设计周。“光之城”

巴黎为她诚挚的公民打造了各式各样的文化活动，无论是博物馆的新展览，还是音乐会、芭蕾舞剧的表演，都让人们激动不已，处处洋溢着欢快的气氛。这段时间也是法国著名作家们集中发布新书的时候，大量新书摆满了书店的架子。

身在巴黎的我，想对"巴黎式魅力"的真正含义一探究竟。经过数月的准备工作，通过邮件和电话进行多方询问，我为自己制定了课程大纲——一套需要我花上一学期来研究、阅读和与人交谈的大纲，这也是我专属的提升个人魅力的学习计划。

阳光明媚的一天，我来到圣日耳曼大道上的花神咖啡馆，与伊迪丝·德·贝尔维尔第一次碰面。我一眼就认出了她。她在人群中格外显眼，极易辨识。伊迪丝站在咖啡馆前，看上去美丽精致。她的衣着风格独特。她头戴方巾，身穿红白波点连衣裙，脚踩一双高跟鞋，搭配了一对红手镯和一串香奈儿珍珠项链。我和她互吻了脸颊，我们都觉得今天天气格外好，难道巴黎不是这世界上最棒的城市吗？

伊迪丝是著名的《伊迪丝巴黎之旅》节目的主持人，该节目主要关注巴黎文学，以及历史上那些伟大的巴黎女人。出于对法国社会文学史的痴迷和狂热，她不间断地去各地旅行。伊迪丝曾就读于索邦大学，博览群书。尽管她嫁给了一个加拿大人，也去过多伦多，但她并不打算在加拿大定居，如她所言，“那里太冷啦！我没法在雪地里穿我的高跟鞋！”

我意识到这是法国女人的独特天赋——游历各地，善于表达，谈话时不费吹灰之力就能打开话匣子，引得你笑声连连，最终让你卸下防备。而在你卸下防备后，伊迪丝又会换一副模样，将关于司汤达、蓝色沙龙的重要性以及17世纪的巴黎文学沙龙等内容娓娓道来。她总是用一种夸张、略带调侃却又十分风趣的方式，讲述所有关于法国社会与文学的历史，这是她的天赋所在。的确，仅仅和伊迪丝共处一会儿，你就会恍若自己置身于1925年的丽兹酒店的哈利酒吧，正在和海明威、菲茨杰拉德一起闲谈；或是正在打量着赤脚行走的人体模特——蒙巴纳斯[1]的缪斯女神吉吉；又或者自己真的在品尝烈性威士忌，沉浸在法国香水浓郁的芬芳中。

接着，伊迪丝拉着我的胳膊，带我穿过坐在门外桌边的游客和一对对情侣，他们正在喝奶油咖啡或者浓缩咖啡，目睹着人行道上演出的一幕幕戏剧人生。伊迪丝告诉我，我们不坐在门外，而是要去咖啡馆的楼上。她解释说，那里才是真正的巴黎人坐的地方，也是我们可

1 巴黎的一个街区，20世纪早期曾有众多艺术家聚居于此。——译者注

以真正畅谈的地方。

数年前，在巴黎的美国图书馆举行的一个书展上，我与伊迪丝碰过面，当时我正和《生活之乐》的作者哈里特·韦尔蒂·罗切夫特交谈。伊迪丝坐在观众席中，在问答环节她起身发言。她讲话是那样的激昂澎湃，又略带几丝尖锐挑衅的意味——这个法国女人的想法是如此的捉摸不定，如谜一般。我心想："这个典型的法国女人肯定非比寻常！"

接下来，伴随着热情洋溢的发言，伊迪丝的言行举止无一不在彰显她就是典型法国女人的完美化身。她总是画风突变，一会儿让人兴致盎然，一会儿又使人心灰意冷，她就是一个矛盾集合体。伊迪丝打扮得很复古，然而她的想法却很前卫。她上身穿了件红色外套，衣服领子上有一处花朵刺绣，下面搭配了一条性感短裙。她甜美可人，比大家所知的法国女人更爱笑，却惊人地爱与他人争辩。她前一秒还对你赞赏有加，下一秒就与你针锋相对。最重要的是，她将个人魅力展现得淋漓尽致，这一切尽显着法国女人的魅力。没错，这就是典型的法国女人。

这次初遇让我想进一步结识伊迪丝，向她在女性魅力这方面取经：为什么法国女人似乎在展示魅力这方面游刃有余。

我跟随伊迪丝进了咖啡馆，走过大镜子和装饰艺术海报，沿着螺旋楼梯来到了楼上。“西蒙娜·德·波伏瓦曾在花神咖啡馆写下《第二性》这本书。”她有点儿气喘吁吁地说道，并快速地交代服务员为我们找到了一张位置最佳的桌子，“1949年，《第二性》这本书在美国销量达到100万册；在法国，这本书出版一周就卖了20万册。”我们在一张红色皮质长椅上坐了下来，面朝窗户，楼下街道上熙熙攘攘的景象尽收眼底。我注意到了她的眼睛是棕色的。她的神情有点儿严肃：“瞧吧，这是作家的幸运之地。”

我们点了咖啡。伊迪丝一直在不停地讲话，我很难跟得上她的节奏。她讲的话题十分跳跃，一会儿聊到柯莱特是怎么相中奥黛丽·赫本，让她在百老汇舞台剧中扮演女主角琪琪，一会儿聊到她为何如此崇拜瑞典男人，一会儿又聊起了司汤达、拿破仑，再一会儿又开始聊起某种称为“结晶”的东西——一个描述人们不合情理地坠入爱河的名词。

伊迪丝留着一头酷似露易丝·布鲁克斯的带有刘海的黑色短发，言谈举止间透露出古灵精怪的气质，还有之前提到过的，她有着一双棕色的大眼睛。噢，对了，她还有一张大红唇。

伊迪丝告诉我，她是一个地地道道的巴黎人，出生并生活在贝尔维尔——伊迪丝·琵雅芙出生地的街道对面。她说："我来自巴黎的一个工薪阶层家庭，但是我受过良好的教育。"

当我向伊迪丝询问巴黎式魅力的奥秘时，她说答案很简单，那就是"增长才智，不要向男人流露出你对他有兴趣，而要展示出你是一个有趣的人"。她接着解释道，法国高中生每周都会上八个小时的哲学课，课上学生们读尼采、康德、卢梭、弗洛伊德等人的作品。"这是希望他们能够思想独立，能够共同讨论、畅所欲言，能够在与他人唱对台戏的同时，依然保持自己的魅力。"伊迪丝告诉我，在她十几岁的时候，她去参观了弗朗索瓦·特吕弗的电影展，那些诞生于20世纪50年代的法国标志性电影，对她的生活产生了深远的影响。

伊迪丝打开了她的手提袋，掏出了一本书递给我。"你可以看下这本书，"她说道，"我没好好保管它。"我接过书，并道了谢。这是露西·沃德姆所著的《法国秘密生活》的英文版，书已经很旧了。尽管伊迪丝看上去对这本书不怎么感兴趣，但显然，它已经被翻阅很多次了，一些书页被折了起来。当我翻书的时候，我注意到书页上竟然有水渍。我真想知道伊迪丝是不是在浴缸里读的这本书。

在我们聊天之际，伊迪丝认出了邻桌的一对男女。我转过头，看见了一个年纪较大、头发灰白的男人和一个稍显年轻、有着金色长发的女人。她身体微微倾斜，拿着一支小小的录音笔，凑到那个男人的嘴边。那个男人正在不停地说些什么，我猜应该是一些要紧的事，因为他不时地用手拍着咖啡桌，试图强调些什么。而那个女人全神贯注地倾听并点头，美丽的脸庞上神情严肃。

“那是劳尔·阿德勒，”伊迪丝告诉我，“她是一个知名记者，经常在这里做一些采访工作。”

我尽可能地小心翼翼地朝他们所在的桌子偷瞄了一眼。伊迪丝在我耳边低声说道：“她是一个女性知识分子，曾写下《读书的女人是危险的》这本书。”然后，伊迪丝做出了一个意味深长的表情。

我们喝过咖啡，伊迪丝给我讲述了圣日耳曼德佩的历史，告诉我这个街区为什么能成为知识分子和艺术家们的聚集地，其影响力甚至超过了蒙巴纳斯。

伊迪丝告诉我她正在学习汉语：“这是我与他人调情的方式。”接着，她给我讲了个故事。伊迪丝有一个相识很久的追求者，有一天，他们偶遇了几个中国人，伊迪丝不假思索地说起了中国话。这当然令那个追求者目瞪口呆，因为他根本没想到伊迪丝还会讲中文！“这就是法国女人的调情之道”，她解释道，“如果我只是自吹自擂——嘿，我会讲中文！这绝对没有那种小小的意外之喜见效。相反，惊喜会让事情有趣得多。”

我必须承认，这样的调情方式让我痴迷不已。这或许是因为我对受过良好教育、博览群书的人钦佩有加，但我觉得不单是因为这个。我认为自己喜欢这种调情方式，是因为它对任何想要花点儿时间增长才智的女人都适用。

“读书，读书，读书！把阅读当作精神食粮吧。”

道别的时候，伊迪丝对我说：“读书，读书，读书！把阅读当作精神食粮吧。”

戴眼镜的女孩们

我的母亲曾对我说，在她出生的20世纪50年代，当时有句流行语是“男人对戴眼镜的女人没兴趣”。

在今天，这句话听起来已经严重过时了。毕竟，特别是当下，眼镜自有其风靡之道，时代在改变——J. Crew的创意总监詹娜·莱恩兹已让厚厚的黑框眼镜成为智力超群的标志。最近，在巴黎、米兰、纽约、伦敦的T台和秀场上，我们总能发现佩戴眼镜的模特们。曾获奥斯卡最佳女配角奖的女演员露皮塔·尼永奥，也因她那副精美的眼镜而备受瞩目。这些人都是推特红人！为了把自己打造成知识分子的形象，年轻女孩正竞相购买这种装饰眼镜。我们似乎都在找寻一种办法，让自己看上去思想深邃、细腻敏锐，以此获取他人的认真对待和赏识。仿佛我们正在说："请听我说——我很聪明，没开玩笑。你看！我戴着眼镜呢！"

作为女性，我相信所有的女人都希望这个世界能意识到，女人是既复杂又敏感的生物，当你看向我们时，并不只是眼神对视那么简单。我们不仅颜值高，更不肤浅，也不易接近。至少，如果你想与我们搭讪，首先要编造一个信得过的理由，来让我们摘掉眼镜。

进一步来讲，厚框眼镜是一些女性的标志——她们对这个世界洞察透彻，却与他人保持着一定的距离。眼镜起到了缓冲的作用，就好比以前女人手中的纸扇的"现代版"，她们可以隐藏在镜片或扇面之后，营造出一丝神秘感，以减少任何潜在的追求者。眼镜和纸扇好比强大的道具，女人可以用它们来隐藏自己，也可以用它们来突显自己。眼镜能制造出假象，也能揭示出真相——这个戴眼镜的女人机智聪慧、博览群书、幽默风趣。

读书是性感的

读书是令人愉悦的，法国女人早就知道这一点。读书是一条捷径，她们对此深信不疑。

我们必须教育自己，必须让美貌与智慧结合得天衣无缝。我们必须阅读，没错，我其实是想说，在《巴黎式魅力》的第一堂入门级课程，就是阅读。

在这之后，你还可以在头上摞几本书来练习仪态，这在以后的课程中会讲到。

巴黎魅力课堂

在你试图俘虏一个男人的心之前，你必须先俘获自己的心。发现（或者重拾）自己的闪光点有许多种方法，法国女人为了做到这一点，通常会经营好自己的智慧人生。正如听起来的一样简单：从阅读做起，开启你的旅程。

但是，千万不要仅仅待在家里读书，相反，你必须让自己融入生活。你可以从去当地的图书馆开始，或者借一些书来阅读。

> 法国女人知道，读书是件非常性感的事。

书籍偏爱新鲜的空气，这一点千真万确。当你迷失在虚构的故事中，读书的体验便会转变，你抬起头，睁开崭新的眼睛打量世界——绿意更加盎然，天气更加温暖，天空更加湛蓝。你可以在公园、咖啡馆、书店读书，也可以在下雨天去图书馆读书。你可以在平板电脑上阅读，但我建议你随身携带一本硬封皮旧书。确切点儿说，带一本封面有趣的大书。

试想一下，这本书是一件小小的艺术品，它既是实物，也是话题的导火索。实际上，阅读一本看似有趣的书，不失为一种让他人觉得你才华出众、求知若渴的方式。

阅读一本好书是一个良好的开端，它会帮助你发现自己的所爱，不论这本书讲述的是过往的故事，还是畅想未来的故事。接着，你可能会不知不觉地阅读起关于治疗小儿麻痹症的书籍，或者有关20世纪50年代爵士乐的书籍，还有可能你读的书内容全是图片——野兽派风格的艺术作品。在你的第一次阅读之旅中，你可以全神贯注于那些驱使你往下阅读的内容上。你喜欢的书籍主题是舞蹈、网球、天文，还是养蜂的科学？如果你对艺术情有独钟，你可以看看当地的艺术活动行程表，参观一下最近的展览。但是你必须确保要去的招待会和开幕式都是在当地的小画廊中举办的。你也可以找一找有趣的研讨会和课程班。

对于文化和群体持有兴趣，是拥有魅力最重要的秘诀之一。你很可能在某场活动上与某个人结识，即便你没有，当你在斯特拉文斯基的演奏会上，发现身边坐了个英俊帅气的男人，你俩也会有点儿有趣的话题可聊。

事实上，当你投入你所热衷的东西中时，你会自然而然地充满魅力，你甚至不会再去想方设法地与男人结识，而这也让你遇到“那个他”变得更加容易。那么，从你热衷的东西和能使你开心的事情做起吧。

从你热衷的东西做起吧。

走出自己的舒适区也十分重要。你要乐于主动尝试学习一些自己并不擅长的东西，多多益善。我们习惯于沉浸在一种“自助服务、自力更生”的文化氛围中，但是，如果所有的事情都亲力亲为，我们会失去很多结识新朋友的机会。在法国，你会发现在所有的历史街区，都可以学习烹饪课、舞蹈课，甚至是导游课等日常课程。在巴黎，你可以雇一个当地人（费用很低），带你到处走走，练习说法语。试想一下，这就好比你拥有了英语或者法语会话手册和巴黎地图，比独自一人漫无目的地闲逛有趣多了。

我想说的是——走出家门，做些有趣的事。更重要的是，读本书吧！

课堂小提示

这一周，你不妨查看下当地的活动安排，至少参与一个活动（但是不要超过三个），我强烈推荐你去听听当地图书馆的讲座。

记得带上一本看上去有趣的书，试着和至少三个人聊聊天。如果你生性腼腆，那么微笑聆听就好了。耐心一点儿，因为这只是你转变的开端。

为了让别人对自己的印象加分，你可以戴一副眼镜，有没有镜片的都行。尝试本章所提及的做法，看看自己会有何感受，开心地做出改变吧。

2

法国女人的风格、自信和品位之源

谈起风格，不要让人看出你在费心努力，

但你必须尝试。

首先，了解自己，

然后相应地装饰自己。

——爱比克泰德

今晚，我和我的朋友阿洛伊斯，在奥迪恩的猫头鹰餐厅的阳台上，一边喝着香槟鸡尾酒，一边品尝带有纸伞装饰的水果捞。阿洛伊斯是一名私人造型师，也是我最爱的博客之一——“巴黎人穿搭”的创始人。阿洛伊斯今年29岁，我觉得她的穿搭颇有些摇滚范儿：她留着一头配着长刘海的短发，穿着紧身牛仔裤和摩托车骑手靴。

阿洛伊斯已经获得了法律硕士学位和时尚专业学位。当我问她对个人经历和家庭背景对于造型风格所产生的影响有何看法时，阿洛伊斯告诉我，即便是打扮很随意的人，我们也能从其衣着中捕捉到有关这个人的“蛛丝马迹”。“如果你留心观察事物，就能够有所收获。”

谈到关于时尚和造型的话题时，阿洛伊斯给我普及了一堂简短的历史课。

> 20世纪50年代的法国女人，偏爱帽子、鞋子、包、丝巾这些搭配品。当时并没有真正意义上的“年轻人”的时髦潮流，女性直接从女孩蜕变为成年人。到了60年代，出现了“年轻人”的潮流，并且她们的时尚更加自由化。人们依旧喜爱搭配，但是对她们而言，更重要的是讲究精致和创意。

我问阿洛伊斯什么样的女性客户会来找她咨询。阿洛伊斯若有所思地喝了一口鸡尾酒，抬头看向我说：“当她们来找我时，她们想要的是敞开心扉，尝试些新东西。这是一个关乎蜕变的故事。曾有一个年过六旬的法国女人在数年前找过我。坦白地说，咨询造型师、花钱在她们熟知的东西上，这种做法和法国文化并不相符。”

我点了点头。我并没意识到法国女人在名誉方面会肩负着某种负担。如果人们认为身为一个法国女人，她就得理所应当地了解美丽与时尚风格的奥秘的话，那么我猜她们必定难以开口向他人寻求帮助。而身为美国人的我，对此却并无困扰。也许，在这方面我们是幸运的。

阿洛伊斯继续讲述那个法国客户的故事。“起初，我觉得她看起来很像一个慈祥而可爱的老奶奶。我全神贯注地听她讲述。她穿着大概是苔绿色的衣服，因为除此之外我说不出到底是什么颜色。她穿着42码的鞋子，但是在这之前她一直穿36码的。”（这里说的是欧洲鞋码。）

阿洛伊斯用手势比画着那个女人的体形，“她身材匀称，一点儿也不胖。接着她告诉我，她一直看上去像36岁，但是自从她患了癌症之后，两年没去工作。当她重新开始工作时，她觉得自己像个老女人，对丈夫也不再具有吸引力了。”

“我在乐蓬马歇百货公司租下了一个私人房间。当她前来的时候，穿了套带有小小的印花的衣服。‘这下有事情可做了’，我看到这个法国女人沮丧地摇着头，‘不需要做太多的改动啦。’我给她挑了紧身牛仔裤，因为她的腹部很平，这点很好。但是她因为自己是梨形腿，所以拒绝穿紧身牛仔裤！然后我向她展示了紧身牛仔裤其实可以让臀部看起来更苗条。”

阿洛伊斯继续为我讲述。她除了为那个法国女人挑选了一条深蓝色的紧身牛仔裤外，还选了一双低跟的焦糖色绒面长靴和一件奶油色丝质V领上衣，外加一条带有吊坠的金项链。“这是典型的极简风装扮。那个女人看着镜子里的自己，喜极而泣。她有双浅蓝色的眼睛。现在她看上去像50岁出头，现代感和活力感十足。”阿洛伊斯向我做出了一个意味深长的表情，心满意足地结束了这个故事。“我让她试了双斯坦·史密斯限量版的运动鞋——就是最流行的黑色白底的那款。加上紧身牛仔裤和外套，看上去既时髦又简约。后来她向我道谢，说她的运动鞋在办公室可谓一枝独秀！”

当我向阿洛伊斯询问她对时尚和造型情有独钟的缘由时，她告诉我，她的母亲对她影响深远，母亲总是为她买好看的衣服，但和当时其他法国小女孩流行穿的衣服截然不同。

我小的时候长得很快，衣服常常穿不下，但我的母亲依旧给我买质量好的。我记得六岁的时候，我超级喜欢一套深紫色的衣服，那是一件T恤和一条带有白色流苏边的短裙，我还搭配了开襟衫。当学校里的女孩们还在穿泰迪熊图案的紧身裤时，我的母亲却给我穿牛仔裤和T恤，配上背带。这使我看上去十分男孩子气，一点儿都不像女孩。因为我的母亲，我从来不穿带有泰迪熊或碎花图案的傻里傻气的衣服！

晚风徐徐吹来，阿洛伊斯谈起了她的恋爱生活。让我惊讶的是，她还玩Tinder。一说起她在网上结识的男性，阿洛伊斯颇有些一吐为快的感觉。她可以很迅速地与他们从网友发展成现实中的朋友，而且她只选择与那些能著书立传、谈吐风趣、幽默机智的男性碰面。

天色渐晚，左岸的咖啡馆已经人潮涌动，巴黎人和游客纷纷出来夜游。阿洛伊斯和我站在孔代路的人行横道上。此时的街道上、咖啡馆和酒吧里已是熙熙攘攘。她在Vélib公共自行车的停放点，一边取车一边给我的读者提出一连串的建议。“学会认可时尚行业作品的价值，这一点尤为重要。别再买那些便宜货了！”接着，她微笑了一下，“好吧，偶尔逛逛平价店也是可以的。但是，追求些高品质吧。多多支持艺术家和他们的艺术作品！”

我点了点头。阿洛伊斯骑上了自行车，戴上了一双别致的皮手套。接着，她调整了一下手提包。“如果你手头拮据的话，不妨来点儿创意，尝试将复古风与现代风融合。”她正准备骑到大道上去，“千万不要打扮得太娇柔或者女子气，也别打扮得太复杂或者张扬。不要让别人觉得你在煞费苦心地打扮自己，但你必须多加尝试！”

> 不要让别人觉得你在煞费苦心地打扮自己，但你必须多加尝试！

她嘟了下嘴看着我：“还有，别穿带商标的衣服！偶尔穿可以，但切忌用商标包装自己！”

我想告诉她，我不怎么穿带标的衣服，并且我突然很想为那些穿着带标衣服的美国同胞辩护一番。然而，我的巴黎朋友已经消失在夜色之中。

关于好莱坞

当第二天和朗达·里奇福德见面时，我仍在试图消化我与阿洛伊斯在一起的夜晚。朗达是一个驻巴黎的美国记者，为《好莱坞报道》工作，她已经在巴黎生活好多年了。我们相约在布西咖啡馆吃午餐，她把养的狗也带了过来。我们的位置在店门口，那只狗端坐在朗达的脚边。朗达告诉我她超级喜欢时装品牌Ted Baker的一件粉色外套，并把手机里她相中的那件外套的照片给我看。"我必须拥有这件。"朗达说道。我必须承认，那件衣服很美，我现在也想拥有一件了。

接着趁我们的沙拉还没上来之前，我向朗达提及了我与阿洛伊斯的谈话。"法国女人是如何对时尚风格充满自信的？她们的风格灵感来源于哪里？"接着，我又补充道，"更重要的是，我们怎么像她们那般自信？"

几年前我和朗达初次相遇时，她刚来巴黎不久，那时我就看出她是一个时髦的女人，如今她已经真正蜕变了。显然，巴黎这座城市对朗达施了什么魔法，让她看上去更加时髦和自信。今天，她穿着紧身牛仔裤，把乌黑的秀发扎成了完美的发髻。

"她们深谙历史文化，"朗达告诉我，"几个世纪以来，她们一直在思考历史。而且她们周围都是些美丽而古老的建筑，传统氛围浓厚。如果我们摧毁了这些古老的建筑，破坏了传统，将往事隐匿起来，那就是抹杀了过去，抹去了真相和遗产。法国人对此有着透彻的理解。”

的确，对我们大多数人来讲，这是事实。我们在城市和乡间悠然漫步，或是开车匆匆掠过，并没有真正地审视或者鉴赏我们的历史。我们摧毁了古老的建筑，新建了高楼大厦、购物中心、停车场，那些象征着历史的面包屑，本可以帮我们找到重返故居的路径，却已经被贪婪的鸟儿们瓜分蚕食。关于品位，即使我们并没有听起来的那么糟糕，但的确稍逊一筹。

怎么办呢？朗达建议我们多研究自己国家的历史文化。“多看看老电影，”朗达坚持她的观点，毕竟她是个好莱坞女性，“多下功夫钻研历史，但是不要试图模仿法国人！在自己的文化和历史中找寻风格灵感。”

我很喜欢她说的这一点，因为我们每个人都真正了解自己来自哪里，以及我们的风格源头所在，所以没必要比较，没必要一争高下，也没必要羡慕忌妒，我们可以自成一派。这意味着，我们可以穿上得克萨斯产的牛仔靴，将外婆的帽子改造一下，变得更具现代感；我们也可以穿上表妹的设得兰毛衣，或是试试大学同学仅仅在特殊场合才会穿的纱丽。当你痴迷于20世纪60年代的卡纳比街潮流或是伦敦摩登风，你的风格也会在潜移默化中改变。父亲的西装、领带，哥哥的摇滚造型，都能成为打开你的风格大门的钥匙。

朗达建议我查阅有关南希·丘纳德的资料。她是一名在20世纪20年代来到巴黎的英国女演员，因在手上戴着众多非洲手镯而十分出名。摄影大师曼·雷就曾为她拍摄过戴着手镯的照片。丘纳德成了爵士时代的女王，备受瞩目，她是现代主义的缪斯女神。

丘纳德曾出版过文学选集，在纽约旅行的时候她结识了许多哈莱姆文艺复兴[1]时期的非洲裔美国作家。

南希·丘纳德影响了许多时尚女性，艾瑞斯·阿普菲尔就是其中之一。她是时尚偶像，并参与出演了纪录片《时尚美魔女》。最近，许多年轻时尚人士争相效仿艾瑞斯·阿普菲尔，然而大家可能并没有意识到她其实继承了南希·丘纳德的时尚风格，而丘纳德的造型又可追溯到20世纪20年代的哈莱姆地区，甚至这一时期之前的非洲。

在不同时间、不同地点，与不同年龄层的人交谈，我们的风格也会潜移默化地受到影响。这就是我们通过视觉等感官线索达到交流的目的。或许关于时尚你已经

1 20世纪二三十年代，居住在美国纽约黑人聚居区哈莱姆（Harlem）的黑人作家发起的文学运动。——编者注

不再询问你的外祖母，但是我认为直面这个事实非常重要——等你到了一定的年龄，开始扮演导师的角色之时，便轮到你带给他人灵感，把握会话的主动权。你需要开始留心历史文化，留意自己对周围的男女老少产生了多大的影响。这就是生活的本质。当你穿着银色连衣裙，或是受到约翰·列侬的启发而戴上一副太阳镜时，你其实是在呼吁他人自由地表达内心深处的自己。这种做法会树立一种无声的自信，具有不可抵挡的魅力。仅仅通过这种无声的语言——裙子、造型和个人故事，你就可以变得魅力四射、迷人有趣。你漫步在街头，仿若一个有着丰富而神秘过往故事的女人。

现在流行海军风

之后我在图卢兹旅行时，朗达和阿洛伊斯的话仍在我耳边萦绕。一件法国海军夹克，给了我一个造型灵感，尽管它流行起来的可能性不大。我是在一家安娜旧衣店发现这件夹克的，这家店位于佩罗立耶大街，距离市政厅广场不是很远。

起初我走进这家店时，我原以为店里没有我会买的东西。作为一名资深的旧衣爱好者，我知道在旧衣店购物是怎样的体验。通常情况下，你要么幸运地捡到宝，要么一无所获地失望而归；要么所有的东西都令你心仪，要么没有一件东西能打动你。我在主层闲逛，翻看那些20世纪50到70年代的裙子，还有各式各样的帽子、钱包和围巾。但是，并没有发现能吸引我眼球的东西。接着我来到楼上，在阳台逛了一圈，正当我准备放弃离开时，我看见了一排法国海军夹克。那些军官一定不够魁梧，因为我发现其中的一件我穿着非常合身。我的身高才一米五八！

我理解你的心情——这听起来并没有什么大不了的。一件法国海军夹克？你可能感到困惑。但是对我而言，这件带着黄铜纽扣和金色勋带的蓝色华达呢面料夹克，却勾起了我童年的回忆。我的父亲是一名海军少校，我有许多父亲穿着军官夹克的照片。我的在耶鲁大学的舞会上相识，那时正值二战，父亲参与了V-12军官培训项目。在我成长期间，每个星期一的晚上，父亲都会穿上他带有黄铜纽扣的海军夹克，擦好皮鞋，戴上帽子，离家前往海军预备队授课。

因此，对我而言，这件夹克象征着我的个人经历，让我开心不已。我对自己的家庭过往，特别是我的父亲，感到光荣和自豪。穿上这件夹克，我变得更像我自己，也像是在偷偷地对全世界宣布我是谁。

人人都爱制服女郎

当我回到巴黎，我发现我的海军夹克就像磁铁一样吸引着男性的目光！不管我走到哪里，他们都会拦住我，向我询问这件夹克的来历。法国男性对它尤为痴迷，他们想知道这件夹克是什么军衔的人穿的。结果发现，这是一名中校的制服。我的父亲是一名少校——差距也不算很大吧！

我想强调的一点是，你可能会为自己发掘的造型灵感来源而惊讶不已。它们也许就在你面前，或者在老照片里，又或者在旧衣店里。多多留意你穿上一件特别的衣服时的感受。如果某些物品给你带来了欢愉，让你微笑、大笑或者哭泣，那么我的朋友，你要多加留心，在这种情绪中隐藏着某种个人信息，那是仅仅属于你的信息。

人到了一定的年龄，就会开始扮演导师的角色。好好享受这个美妙的阶段吧！

对了，如果你的夹克、短裙、鞋子或帽子吸引了男人的目光，也要多加留意它们！

说到找寻对于美的真正感受，作为美国人的我，常常面临着一种有趣的挑战。我生活在一个充斥着各种文化、宗教和人生经历的国家，每种文化、宗教都有其特点和历史。但是，令人费解的是，当谈及专注个人的独特之美或独特的装扮时，似乎并没有人的风格属于“美式装扮”。因此我觉得，如果我们从家庭和祖辈那里找寻灵感的话，我们会得心应手得多。你可以从翻看家庭相册开始，找寻你的专属风格。多和你的父母、祖父母交流沟通。不要只想着穿什么好看，更要想着穿什么可以让自己更加快乐、自信。

那么，你该怎么回答“我是谁”这个问题呢？

“你的身体就是你的风土。”

其实，这个问题并非多么难以回答，答案就在你自己身上。“你的身体就是你的风土。”在法语中，风土（terroir）一词常常用于制酒业，它被用来描述赋予酒特殊品质的所有因素，比如光照的角度、土壤的特性、空气的温度、气候的特点等。事实上，你同样拥有属于自己的“风土”。它可以是你出生的地方，那里藏着你最深的回忆和无数个你捉摸不定的小事物，比如你五岁生日那天空中云朵的样子，或是火炉上母亲煮的番茄汤的香气。它可以是你上学途中跑步穿越碧绿草地的感觉，可以是你试穿第一双高跟鞋时的欣喜若狂，也可以是你在科学展览上获得第一名的那个难忘之夜。它可以是你试穿母亲的晚礼服和黑色皮高跟鞋的时刻，也可以是你和一个叫比尔的男孩站在水塔边的初吻体验。

巴黎魅力课堂

问问自己穿上一件连衣裙时的感受。

衣服的质地让你作何感受？穿上丝绸衣服的你会有一丝颤抖吗？穿上带有裙摆的裙子会让你感到一丝怅然吗？穿上法兰绒衣服你会不会感觉身在家中？你喜欢紫罗兰色或者铁锈红色的衣服吗？你有没有一瞬间觉得自己置身于梦境中或者曾在老照片中看见的场景里呢？相信自己的直觉吧，哪怕你并不清楚这种熟悉感和幸福感从何而来，但你要相信它们传递给你的讯息。

这便是你的“风土”。

法国女人会告诉你，当你了解自己的时候，你就会变得更加自我，你也会自然而然、轻而易举地收获自信。当你了解自己的时候，你便因自信而更加“节制”。

这样一来，你会更具神秘感。

很快，你便会魅力十足，可爱迷人，爱情和友情将填充你的生活。这个过程说起来容易，实则复杂。

课堂小提示

和你的家人多聊聊他们的生活和你的祖辈。你觉得什么是自己“与生俱来的特质”呢？你也许会意识到，你的家人和你同样拥有从祖辈那里遗传来的绿宝石般的眼睛。

快去整理衣柜，将那些让你开心和不开心的衣物分开。看一看你平时爱穿的衣服都是什么样的风格。如果你总是买同一种风格的衬衫，但你不怎么喜欢穿它们，你就要问问自己，哪一种风格才令你着迷并且能够持续吸引你。即便你在追寻自己风格的途中跌跌撞撞，你也会获得许多感悟。

在追寻个人风格的过程中记得做好笔记，因为这将成为你重要的参照。提升个人品位，会为你形成独一无二的个人风格奠定坚实的基础。

找一张旧的家庭合照，看看自己会被哪个亲戚吸引住目光。或许这个人早已经离开人世，但是她仍有可能成为你的缪斯。如果你没有旧的家庭合照，你可以看一看那些时尚达人、艺术家、作家、演员或者歌手的照片。一些意想不到的物品也能为你的造型带来灵感，譬如一幅卢梭的丛林绘画，或是一个古老火柴盒的图案。不要把灵感的来源局限于女人身上。男人、动物甚至是机器人，都能为你带来灵感。你甚至可能在反复观看《星球大战》的过程中，擦出灵感的火花。

好好想一想，你要穿什么，你的服饰要怎样搭配才能使人心情愉悦，让人有意和你搭话。

问问自己，有没有一件可以诉说家族史的美丽首饰。如果有的话，不妨每天戴着它。坚持戴上一个月，瞧一瞧它能否吸引他人的眼球。

为了看上去更加分，不妨尝试走出其不意的混搭路线，比如换个安迪·沃霍尔式的发型，再配上伊莎多拉·邓肯风格的长衫。总之，你要有创新意识，尽情尝试。

3

舞蹈的浪漫

更深层次地了解你的身体：当你跳舞时，你就掌握了多种语言，你可以成为任何人。

> 通过肢体动作，
>
> 你总能展示你的内心。
>
> ——玛莎·葛兰姆

尽管大厅足够宽敞，天花板也十分高，圣殿市场内依旧闷热难耐。现在已经将近十月，市场内没有空调。毕竟，我们是在巴黎。巴黎人不是很热衷开空调，要是在平日，我对此总是感激不已，因为我是个怕冷的人。但是，今天，我居然有点儿想念那种寒冷的感觉。圣殿市场位于右岸的第三区，在14世纪时是一个非露天的集市。我现在身处这里的复古沙龙，人可真多。几乎所有的巴黎人在秋天的周末下午，都会选择来这儿。我艰难地在拥挤的人群中前行，经过了一个又一个的摊位。途中，我在笔记上记下了各式各样的衣服：20世纪20年代的直筒低腰裙、具有中国艺术风格的丝织品、各种帽子、破旧不堪的夹克、40年代的中式绉绸连衣裙，还有70年代的美国牛仔裤。天知道李维斯牌的旧牛仔裤为什么这么值钱！

埃尔维斯正拿着扩音器，用恳求的语气叫我们不要踩到他那双蓝色绒面皮鞋——好像我故意要踩他的鞋一样！我身边的这些法国人，他们讲话大声而急促，有的在谈论着丝绸和人造丝各自的优点，有的在议论着为什么这件衣服定价过高而那件定价过低，有的在询问试衣镜在哪儿。我不得不承认，与此前别人告知我的信息恰恰相反，法国人真的很吵！我猜想，这是因为法国人认为有些东西需要大声讲出来，比方说1978年复刻的凯比·卡洛威的《米妮公主》唱片到底值多少钱。

是的，除了衣服和配饰之外，唱片、家用器皿、家具、相机、手表、玩具、艺术品等物品在复古沙龙上也随处可见。我试穿了一件丝质和服，但是这件衣服太大了。我打算淘一副复古眼镜框，但说实话，这里拥挤的人潮和嘈杂的声音让我有些望而却步，于是我慢慢地朝出口方向走去。突然，一段小提琴和六角手风琴演奏的和弦传入我的耳朵，那是一首20世纪30年代的探戈舞曲，声音婉转悠扬，充满深情。仿佛被催眠了一般，我被这声音吸引住了，跟随着音乐，我发现了这对探戈舞者——伊迪丝和马塞尔。她们都穿着礼服，马塞尔留着一头男孩子般的短发，穿着一件带有后贴边的晚礼服。这个场景看上去有些怪诞荒谬，然而正是因为这一点，眼前的这一幕非常引人注目。伊迪丝看上去非常有女人味，而马塞尔看起来像一个典型的绅士，尽管她穿着高跟鞋，涂了大红唇和非常浓密的睫毛膏。马塞尔有着迷人的酒窝，看上去酷似演员娜塔莉·波特曼。

对了，还有舞蹈，我们一定不能忘了舞蹈。她们在跳探戈，这是一种充满了视觉享受，浪漫优雅又满含深情的舞蹈。随着伊迪丝和马塞尔在房间的两端来回舞动，人群也渐渐聚集了过来。

我决定学习探戈，我确定这才是自己来到圣殿市场的原因。我并非为了那些旧衣而来，而是为了此时此刻。某种东西在我心里激起了涟漪，在那个瞬间，我下定决心，当我回到家时，我一定要和我的丈夫一起报名探戈课程。我确信，探戈会拯救我们的生活，会让我们永葆青春，会让我们的婚姻鲜活如初，充满爱与浪漫、温情与美丽，哪怕我们到了60岁。

中场休息时，我得知伊迪丝本名赛琳，是一个探戈老师兼戏剧指导，“伊迪丝”是她作为舞者和滑稽歌舞杂剧演员所扮演的角色。她告诉我，她相信探戈会让我们加深对自我的了解，增进我们与他人之间的关系。

> 本质上讲，我是个讲故事的人。我专注于每一个角色背后的叙述手法和意图，确保故事情节可以随着时间向前推进，逐步揭露深层次的主题。

我们的身体会告诉我们那些只有心和灵魂才真正知道的故事和秘密。

马塞尔本名夏奈尔·杜梅，她曾练习芭蕾长达12年之久。后来她移居巴黎，开始跟着赛琳学习探戈。她从此爱上了探戈，并和赛琳坠入爱河。

伊迪丝和马塞尔组成了舞蹈搭档。她们有一群忠实当你跳舞时，你就仿佛掌握了多种语言。

的粉丝，二人在世界各地进行表演和教学。

这是因为舞蹈是一种世界性的语言。“当你跳舞时，你就仿佛掌握了多种语言。”你可以是法国人、美国人、巴西人、匈牙利人……你可以来自任何地方。

谢谢你，普拉提先生

约瑟夫·休伯特斯·普拉提于1883年在德国出生。根据普拉提的自传，他自幼体弱多病，在第一次世界大战期间，他被拘禁在英格兰，那时他只能艰难地维持身体健康。为了变得更加强壮，他创造了一套运动方式，并将其称为“控制疗法”。1926年，普拉提移居美国，在纽约开了一间工作室。在那里，他向纽约城市芭蕾舞团的舞者们传授技巧，其中就包括舞蹈家乔治·巴兰钦。

肌肉记忆

现在，我正在当地的一家普拉提培训班的地毯上舒展着身体。我试图用手触碰脚趾，这时我突然意识到自己的身体拥有很强的记忆力。

我知道这些运动。

我对这些运动了如指掌。

猛然间，我仿佛置身于童年时期康涅狄格州斯坦福德的家中。我那年六岁，我的母亲正在卧室里给一群邻居家的孩子上课。包括我在内一共有八个孩子，我们正在为春季演奏会彩排。我们站在楼梯上，个个昂首挺胸，将一只手搭在楼梯栏杆上，另一只手笔直地伸出去，缓缓地走下一层台阶，接着停下来，踢出右腿，然后再踢出左腿，接着又以同样的方式下到另一层台阶上，动作整齐划一。

这么多年来，我一直以为母亲只是把这当成了一种惯例，或者她只是在回想自己在舞蹈班上或者在20世纪20年代晚期杂耍表演课上所学到的东西。

但是，让我们回到我的普拉提课上。此时此刻，我发现50多年后的自己现在的姿势，和我在母亲的小型舞蹈课上做过的姿势一模一样。我正在做着完全一样的伸展运动，甚至在我进行联想之前，身体已经认出了这熟悉的动作。我的身体是记得这些动作的。在我观看了现代舞之母玛莎 · 葛兰姆的电影之后，我才意识到自己从小就学习了现代舞和普拉提，只是我不知道而已。

我的母亲已经在20年前去世了，所以我没法向她询问这件事。我多么希望我可以问问她啊。

我明白这一点：舞蹈属于任何移动的人。我们每个人都可以移动，即使我们仅仅做了些椅子瑜伽的动作。我们的身体掌握着灵魂的音乐，并用一种只有内心才能读懂的语言传达着情绪。

为什么芭蕾很重要

每一个跟你搭过话的法国女人都会告诉你，她们在童年时期学习过芭蕾。学习芭蕾为她们拥有优美的仪态和走路姿势、能够无声沟通奠定了基础。这也是法国女人拥有神秘感和自信的秘密武器。她们并不都是舞蹈家，但是你可以确信，她们都懂舞蹈。

和搭档跳舞极其重要，我们都知道跳舞会产生浪漫。我所有的法国朋友都会跳“摇滚舞”，这种舞和20世纪50年代的摇摆舞极其相似。我很开心得知，摇摆舞在今天的美国十分流行，一些女性也通过跳这种舞，在她们家乡的舞厅里收获了浪漫。

空中法国

我总是乘法国航空公司的航班去法国。毕竟，我想要一登机就能够感受到目的地法国的氛围。而且我喜欢听周围的人讲法语，他们飞机上的食物也更美味。

航班上的安全告知视频才是法国航空公司航班的重头戏，这与美国航班上的截然不同。视频中会出现五个非常时髦美丽的姑娘，她们上穿红白蓝条纹的布列塔尼衬衫，下穿白色或红色的喇叭裙，裙摆随着她们的动作轻盈地摆动。她们无声地演示着如何系好安全带——安全带不仅能“以优雅的方式突显你的身材”，更能保障你的安全。她们还会演示遇到紧急撤离和停电的情况时，乘客应该怎样应对——只要跟随指示灯，沿过道离开就好。我喜欢这些姑娘活泼的表演方式。对了，如果你想找到救生衣的位置，不妨戴上你时髦的黑框眼镜，好好阅读飞行安全指南。

到了表演的尾声，姑娘们向我们鞠躬，并微笑着挥手，屏幕上的红色剧场帷幕徐徐落下。我真想在小小的座位上，为这些姑娘的表演鼓掌喝彩，但是我做不到，因为我旁边坐了一名看上去趾高气扬的男士，他眉头微蹙，正读着《法国世界报》。

这才是法国航空公司播放的视频的真正精彩之处——在关乎安全的紧急情况应急措施方面，他们以严谨而理智的态度对待，但又打造了一个充满活泼氛围和女性气息的小型剧场。当然，视频里少不了舞蹈，毕竟这是法国的航班。视频里的演出服饰、红唇等元素，包含着航空公司对时尚风格的致敬。那些姑娘都穿着芭蕾舞鞋，她们的表演非常有趣，充满风情，独具魅力。

90岁的舞蹈

在我父亲90岁的生日派对上，一些神奇的事情发生了。数年前，我和丈夫居住在科德角，为父亲举办了一个生日派对。派对上高朋满座，到处都摆满了饮料和蛋糕。我打算邀请我的尊巴教练凯莉来领几支舞。考虑到父亲曾是一名海军少校，凯莉和我决定给他一个惊喜。我们选择了贝特·迈德尔版本的《布基伍基喇叭男孩》，这是安德鲁斯姐妹的著名歌曲。幸运的是，我的另一个朋友恰巧拥有两件带臂章、黄铜纽扣的海军军官夹克和两顶帽子，正好可以还原电影《军官与绅士》里的造型。

凯莉和我成了派对上众人瞩目的焦点，父亲非常喜欢我们的表演，但这并不是我要讲的故事重点。我要说的是在表演之后发生的事情。凯莉放起了乡村音乐，带领我们跳起了排舞。接着，她又放了伊迪丝·琵雅芙的音乐，然后神奇的事情发生了——每个人都站起身，结伴跳起舞来。我的哥哥和嫂子，我的朋友们，那些夫妻、情侣，我和我丈夫，父亲和他的女朋友贝弗莉都开始跳起舞来！我前前后后地摇摆，将胳膊搭在我丈夫的身上。我总是称他为汤普森博士。我也偷偷地瞄了一眼父亲和贝弗莉，他们亲密地贴在一起，深情款款地凝视着对方的眼睛。我知道自己见证了一个秘密的、充满力量的时刻，见证了爱情。

举办生日宴会并不容易，而操办90岁老人的生日更是一件棘手的事情。我确信当贝弗莉将我父亲揽住时，她的心里一定也是这样想的。我也确信她对他们在一起的每时每刻都感激不已，她一定在某个瞬间停了一会儿，捕捉到了这支舞的宝贵。

然而，我知道贝弗莉是一个毫不矫情的典型的缅因州人，她也许会告诉我，我的想法是多么荒唐好笑。但是我明白这个真相——贝弗莉被深深感动了，因为她与我的父亲共同跳了一支舞。

这就是舞蹈的魔力。舞蹈仿佛可以让时间停止，将舞蹈是身体与灵魂的联结。

你和那些你曾经遇到的，并将继续陪伴你的舞者们联系在一起。舞蹈是身体与灵魂的联结，是欢声笑语，是庄严凝重，是滑稽可笑，是脉脉含情。舞蹈是一种人们通过音乐、节奏和呼吸进行交流的无声的语言。

好吧，舞蹈也是一种非常棒的运动方式。

尊巴是如何挽救我的生活的

如果你会跳一点儿尊巴，那么全世界都可以是你的舞厅。我是认真的。我曾经在法国、西班牙，甚至马耳他岛上跳过尊巴。尊巴是一种由哥伦比亚舞者创造的舞蹈（或者说是运动）。这种舞蹈融合了萨尔萨舞、马瑞格舞、恰恰、肚皮舞，以及中东、希腊、非洲等地的舞蹈元素。尊巴是一种真正国际化的舞蹈。

我在家时，会和朋友艾米一起去健身房上尊巴课。她告诉我，尊巴让她更加自信快乐，这种自信对她生活的方方面面都造成了影响，包括她的卧室。

我报名参加了专为老年市民开设的金牌尊巴课。虽然我并不算是严格意义上的“老年市民”，但我真心喜欢这种舞蹈课程。我学习跳了阿内·玛丽的歌，她有许多迪斯科和摇滚风格的歌，深受年轻人喜爱。我还跳了一些舒缓的歌曲，比如莱昂纳德·科恩的《哈利路亚》和阿黛尔的《你好》。最后，我以蒂姆·麦格罗的《谦逊与善良》结束了课程。这首乡村音乐的歌词十分朴实："记得为人扶门，多说请，多说谢谢。记得关掉空调，把窗户敞开。"我喜欢这首歌，或许是因为我记得摇下车窗，或许是因为我赞同应该说"请"和"谢谢"这类礼貌用语，又或许是因为抛开我对巴黎这座城市的复杂情结，归根结底，我是一个乡村女孩。

"现在不是下午茶时间！"

我现在正和精力充沛、风趣幽默的朋友雷娜塔一起，在图卢兹上尊巴课。

雷娜塔是一个很引人注目的姑娘，她身材纤细，有着迷人的微笑、洁白的牙齿和一头棕色的长发。对了，她还穿着印有"纽约芭蕾"文字的舞服。

显而易见，因为我中途跑出去买了瓶水，让整个班上的人都等了我一会儿。雷娜塔用英语问我什么时候才是下午茶时间。我用法语回答："不，这是跳舞的时间！"我觉得自己可以和雷娜塔开开玩笑，因为这是我和她一起跳舞的第二个小时了。那天下午，我先是上了金牌尊巴课，而现在我在常规尊巴课班上，我有些头晕目眩，过度兴奋。

现在，雷娜塔告诉班里的人她有一首歌要送给我，是《遥远的客人》！那一刻，我正在和十几个女士一起跳艾丽·金的《我不是你的美国甜心》。我们踢着高跟鞋，踏着牛仔舞步。这首歌的歌词令我惊讶："村里有人嫌弃我动静太大……你想要从我这得到什么？我不是你的美国甜心……可你还是会喜欢我。"

跳完这支舞，我有些气喘吁吁，这个法国姑娘似乎可以从我的动作和表情中察觉出我在美国的经历。直到在异国他乡上舞蹈课，我才产生了一种强烈的感受——我发现了自己此前从未有过的一面。

随后，雷娜塔给我讲述了她童年跳舞的经历，以及她的父母在图卢兹的电影院中场休息时进行表演的故事。雷娜塔从小就和父母一起跳舞，那时她穿着她的第一双舞鞋——一双带着蓝色缎带的芭蕾舞鞋，她将缎带缠在纤细的脚踝上。

雷娜塔是班上最聪明的学生。她还给我讲述当初用苏格兰舞步结束表演时发生的趣事。在拉上幕布的时候，在最后一排的雷娜塔发现自己不小心被幕布缠住了，她在重重帘子里迷失了方向。

> 最后，我发现自己出现在了舞台前方，所有人哄堂大笑。那是我最糟糕的一次舞台经历！

当我们即将离开圣西普里安文化中心时，雷娜塔告诉我她对电子音乐和部落方面的音乐和文化十分感兴趣。她学过嘻哈舞、浩室舞、格雷舞，也学过一些非洲舞蹈，甚至连机械舞也尝试过。她还练习过卡巴莱歌舞、萨尔萨舞、探戈和歌舞杂耍。这是一个经过训练的舞者所具有的典型特质。雷娜塔告诉我："当我的舞姿开始传达真相或者表现情绪时，我的表演便具有了魅力。我正在用身体诉说着一个个故事。"

雷娜塔在戏剧表演专业深造，并获得了硕士学位。她还是一个滑稽剧艺术家。她曾创作了一种"脱衣舞"表演，向查理·卓别林致敬。

当我问雷娜塔舞蹈对她和她的生活产生了什么影响时，她告诉我，不管是在舞台上还是生活中，她都遵循这样的原则——热爱、给予、谦逊，以及保持同情心和平衡感。

在我们各自搭乘地铁离开之前，雷娜塔对我说了以下富有智慧的话。

你的身体可以帮助你更好地做自己。

多多倾听你的每个姿势和动作的心声，领悟它们的含义，做自己就好。不要管别人怎么做，你的身体有想要传达给你的东西。学会倾听，你的身体可以帮助你更好地做自己。

这就是舞蹈的魔力。从那以后，我再也没有把尊巴课仅仅当作运动而已了。

与星星共舞

法国人喜欢跳舞已经有很久的历史了。即使在今天，法国的学生们也会在学校学习双人舞。这种做法不仅可以让年轻人在与异性相处时更加自如，也让他们对自己的皮肤更加自信，更不用说跳舞给他们的仪态气质带来的变化了。法国人也使我确信，跳舞真的可以让人看上去高一些。

去年夏天，我很兴奋地参加了巴黎沙滩节。

巴黎人在塞纳河畔打造了一处临时沙滩，以此来庆祝酷热的夏季。沿着沙滩和休息椅，市政部门新建了注入河水的游泳池，甚至还建了一座迷你卢浮宫。沙滩上还会举办演唱会。当然，这里自然少不了舞蹈和舞蹈课。夕阳西下后，月亮浮出水面，埃菲尔铁塔在清冷的月光和璀璨的星辉下，闪烁着耀眼的光芒。

巴黎魅力课堂

我开始思考，为什么在美国，我们需要追溯历史，寻找我们的根（不论是在欧洲、亚洲、南美洲或是其他任何具有历史的地区），并重拾对舞蹈长久以来的热爱。不管这个舞蹈属于哪个舞种，是华尔兹、探戈还是狐步舞，只要这种舞蹈关乎爱，无关乎竞争。

不管你是已婚还是单身，想一想如何把舞蹈带入你的日常生活中吧。如果你正在恋爱，不妨放起音乐，拉起恋人的手共舞一曲。在厨房跳舞吧。哪怕只是几分钟的即兴舞蹈，也能改变氛围，将一个平淡的时刻变得浪漫而温馨。

和你的丈夫或朋友们跳舞吧！厨房、办公室，哪里都是你的舞台。

在你生活的社区中多多寻找能够跳舞的机会吧。看看阿根廷人的探戈，你会发现在世界的各个地方，都有热衷跳这种舞的人。你还可以参加当地的跳舞俱乐部。许多法国和美国的女性朋友都跟我说，跳舞是一种交友的途径。

邀请你的舞蹈缪斯进入你的起居室，融入你的生活吧。

你可以在打扫过的舞厅举行派对，邀请朋友来跳双人舞。你不必穿上海军军官的服饰，但是要穿上你的舞鞋。“邀请你的舞蹈缪斯进入你的起居室，融入你的生活吧。”

课堂小提示

不妨从在家跳舞开始，多多倾听你的身体，接收身体想要传递给你的讯息。

听听音乐吧，选择一种最能激起你内心共鸣的音乐风格。

上一堂舞蹈课。先上一堂课就好，看看你会有怎样的感受。

牵起丈夫、男朋友或者最好的友人的手，翩翩起舞吧。不要想着跳舞这件事，闭上眼睛就好，倾听自己的呼吸和心跳。

4

旅行的迷人之处

旅行改变人生，这是真的：换个地方重新看待自己和生活，你将有所收获。

将梦想当作风筝抛向天空，
你无从知晓它将带回什么。
一种新生活，一个新朋友，一段新恋情，
抑或是一个新家？
——阿娜伊斯·宁

法国女孩在美国

我的巴黎密友塞尔维于1990年初次来到美国，在康涅狄格州的一个法国家庭做保姆。在那里，她和一个美国男人坠入爱河，随后两人在纽约生活了很多年。后来，经历一番波折的塞尔维只身重返巴黎，继续生活和工作。此前，我和杰西卡来巴黎为我的处女作《法国女人不单睡》举办新书发布会时，曾与这个年轻女人（如今她已出落成一个成熟女人）共事过。塞尔维不仅帮助我们筹划了这些活动，还带我们在她最爱的“光之城”好好地游玩了一番。我们去左岸逛了她经常光顾的商店，去了只有巴黎行家才知晓的设计师品牌专卖店，还有那些当地人经常光顾却常常被游客忽略的咖啡馆。塞尔维是我们在巴黎的守护天使，她对这座美丽的城市深感自豪，大方地与我们分享了巴黎的一切。

几年前，我丈夫还没从伍兹霍尔海洋研究所退休，我们仍住在科德角。那时塞尔维来到美国，和杰西卡驱车来到科德角，跟我们一起待了一段时间。当时，塞尔维的乳腺癌病情有所好转，她十分消瘦，但并不憔悴。在瓦库洼湾，我丈夫给塞尔维和杰西卡展示如何用脚挖蛤蜊（因为我们没有工具）。当时的塞尔维留着一头非常可爱的短发，穿着法式比基尼，看起来既漂亮又开心。

午餐时间，我们坐在帆船厨房旁边的餐桌上，品尝着肉汁鲜美的清蒸蛤蜊，谈笑风生。接着，为了满足塞尔维的特殊请求，我丈夫给大家做了加熏肉、生菜、番茄的三明治。这是因为在塞尔维来之前，我们曾问她想吃什么，她跟我们提起了在纽约沙利文街的生活，提到她会去曼哈顿下东区一家餐馆吃这种三明治。显然，对这个法国女人来讲，熏肉、生菜、番茄三明治与赫尔曼蛋黄酱一道构成了一段美好回忆。

那天，我丈夫给大家做了美味无敌的三明治。他煎了超棒的培根，把我们家花园里种的新鲜芝麻菜和番茄放到硬壳酵母切片面包上，用牙签固定好三明治，然后大张旗鼓地端到桌子上。我们还开了瓶香槟，因为这是一个非常特殊的时刻。

杰西卡和我欢呼雀跃，塞尔维也觉得这三明治味道超级棒。不过，塞尔维后来坦言她更想品尝纯正的美式三明治——沃登面包里夹着典型的餐馆式培根和球生菜！

诚然，我明白她的意思，但就在那一刻，我开始用一种崭新的法式视角，去看待这种在平日里微不足道的美国三明治。塞尔维让我懂得了典型美式生活的迷人之处。没错，沃登面包和球生菜（对一个到美国旅行的法国女人来说）是迷人的！

重塑之旅

关于旅行，我最爱的一点就是它给予我重塑自我的机会，能带我回到童年时代。其实，除了父亲在海军预备队服役时我曾在康涅狄格州和基韦斯特间多次乘车往返外，我童年并没有去过什么地方。旅行可以带我回到那段纯真岁月。那是20世纪60年代早期，当时我们沿着1号公路，驱车穿越美国南方一个个小镇，我坐在1954年产的福特旅行车后排，目不转睛地望向窗外。那时的州际公路（即现在的95号公路）还没修到这里，没有众多有线电视频道，也没有互联网。那是只有四个（或是五个，如果你幸运的话）频道却没遥控器的年代。我并非怀念设施匮乏的状况，而是怀念那种用全部感官去领悟世界和周围的人时所感受到的惊喜，或许最重要的是目睹这一切时的惊奇。

这是旅行带给我的感受。

当我身处法国时，我经历了一种再次觉醒的体验。我的视觉、听觉、嗅觉、味觉和触觉，以及我全部的心思，都在尽力理解眼前的神秘。为什么法国人总是在同一时间用餐，就好像有人宣布现在是用餐时间一样，但他们似乎又不能按秩序排队。我好奇法国人是如何坚守风土习俗和节日礼仪的：他们会庆祝一切事物，从春季大扫除和不变的私人旧货集市，一直到西南部的丰收节。

对我来说，旅行中最有趣的部分是它允许我再次成为一个孩子，我可以肆无忌惮问一大串问题，尽管有些问题如果在我家乡问起，会让人听着有些不着边际。比如为什么把家里的墙刷成亮黄色？你什么时候接替你爷爷的工作？你是怎样收纳内衣的？

多么不着边际的问题呀！

然而，我只是个美国人，我想了解这些事情，我觉得外国人应该总是乐于回答这些问题的。巴黎和法国其他地方的人都向我敞开怀抱，我相信这是因为，在内心深处，我依然是那个坐在福特旅行车后排凝视窗外的小女孩，我的确对这些事情兴致盎然。

旅行是怎样改变人生的

我正在皮埃尔和弗瑞德克（她更喜欢弗雷迪这个美式叫法）的家中。我先搭地铁到内申，然后步行前往他们家。输入密码后，我搭乘小型的门控电梯上了四楼。弗雷迪在门口迎接我，引我进了他们的卧室。光线缓缓地照进宽敞的房间。我们互道早安，吻颊致意，我转身面向起居室，发现自己立刻深陷在一种魔力之中。弗雷迪和皮埃尔的家中摆满了异国情调的纪念品，像是他们在对自己冒险经历的致敬——这些纪念品记录着二人环游世界的踪迹。

他们家就像一个珍宝阁。我转了一圈，发现了来自非洲、古巴、哥伦比亚、东南亚、智利、玻利维亚、秘鲁、厄瓜多尔、尼加拉瓜和洪都拉斯等地的各种珍奇物件和雕塑。当我问起一个古老的木桌时，皮埃尔解释说它来自印度尼西亚，另一个木雕橱柜则来自19世纪的中国。弗雷迪补充说他们还到过印度尼西亚的苏门答腊岛。

“但是，坦桑尼亚才是我真正的秘密花园。”弗雷迪一边收拾着瑜伽包，一边小声对我说道。在此我得解释一下，法国人口中的“秘密花园”是一种隐喻性的表达，指的是自己精神寄托的地方。它可以是你家中的一座真正的花园，或是上一节小提琴课，做一顿饭，练习瑜伽，甚至是一次旅行。

秘密花园是一种隐喻性的表达，即滋润身心之地，任何地方都可以是你的秘密花园。

弗雷迪是如何发现乐园的

几天后，我在卢浮宫街角处的烟室咖啡馆遇见了弗雷迪。她穿着黑色裤子和热辣的粉色提花上衣，提花上交错着一些红蓝花纹。弗雷迪看起来酷似法国女演员奥黛丽·塔图，她有着浅棕色的头发和棕色的大眼睛，还有着毫无防备的好奇心与诚恳，以及迷人的魅力。

星期五的晚上，烟室咖啡馆里人来人往。

我们点了当晚的招牌菜——鲛鱇，配着土豆沙拉和扁豆，还点了一瓶来自科西嘉岛的气泡水。弗雷迪说这种饮料因精致的泡泡而十分特别。显然，皮埃尔的水并没有那么精致的泡泡，所以我觉得也就那样。谁知道呢？

我是通过朋友德布·克林介绍认识弗雷迪的，德布则是在智利的奇洛埃岛与皮埃尔和弗雷迪相遇的。他们在岛上旅行时一直待在一起，同住一家小旅馆，还一同去看了企鹅，后来他们又在旅途中于圣地亚哥再次相遇。那是2008年的事情，当时皮埃尔和弗雷迪正在进行长达一年的环球旅行。在此之前的2006年，他们在坦桑尼亚的北部旅行。

对弗雷迪来说，坦桑尼亚就像伊甸园一样，是她的天堂。弗雷迪和皮埃尔都喜欢动物，在坦桑尼亚，你可以看到数万只动物越过坦桑尼亚和肯尼亚之间的河流，寻找食物和水源。在那里，他们见到了野牛、大象、狮子、豹子和角马。“啊，看见那些动物在大自然中生活，那是一种改变人生的体验，”她补充道，“有些时候，我俩会激动得热泪盈眶。”

遇见马赛人

“我是在这儿遇见的奥利，他是一个马赛人向导。我记得当时正是日落时分，”弗雷迪向我讲述他们的经历，这时侍者送来一瓶波尔多酒，“我们一整天都在旅行，奥利想带我出去走走，皮埃尔也叫我去。于是奥利带我爬上了高皮耶山丘，它就像一块巨型岩石。我们站在那儿，肩并着肩，眺望着一望无际的景色，我感觉自己发生了一些变化。我俯瞰着大地，感受到了一股神秘精神力量的存在。”

弗雷迪啜饮着葡萄酒，点头示意侍者可以添酒了。侍者添满了酒，我和弗雷迪碰杯致意，为了我们的健康，也为了坦桑尼亚。她笑着说：“你知道吗？当时我并不是很在意那段经历，直到后来一些可怕的事情发生后，我才意识到在高皮耶山丘上的那一刻，我的人生已经彻底地改变了。”

弗雷迪说完，我陷入了沉思之中。我们多久才会产生一次这样的感受？当我们身处一个崭新的环境，也知道自己在经历一些重要的事情，然而直至数月甚至数年之后，我们才意识到那些邂逅、经历或者某人所说的只言片语，都足以改变我们的一生，并永存于我们心底，引领我们跨越从不知晓的门槛，迈向全新的人生轨迹。

或许你手头拮据，不能像弗雷迪和皮埃尔那样，担负得起一整年的环球旅行费用，也没法去坦桑尼亚。但你可以去一些从未去过的地方，做一些从未做过的事，这都有助于你用新的视角看世界。

当你尝试新事物时，一个全新的世界将向你敞开，一份新事业的光芒也即将点亮。

这是弗雷迪身上发生过的事情。

后来弗雷迪发现，向导奥利会说英语，旅行过后，他们用电子邮件保持着联系。弗雷迪回到巴黎后，因为受到这次旅行的鼓舞，又重返大学继续深造。2009年，她获得了旅游文化传播和博物馆专业的硕士学位。

如今，弗雷迪是法国—坦桑尼亚翱翔火烈鸟旅游公司的合伙人，该公司的业务包括组织游客前往美丽的坦桑尼亚旅游。

> 弗雷迪对我说：“旅行的魅力，在于在世界的尽头遇见某些会在人生道路上指引着你的人。马赛人的精神就体现在这些行动之中：克服恐惧与周围人保持联系，不与他人产生隔阂，尽力面对并经历人生的挑战。”

天亮之前，我们说起了美国。我承认，有时我会担心法国人不是很喜欢我们美国人。我知道一些同胞对此深有同感。或许你还记得，当初美国各界都将法式薯条改名为自由薯条（事实上，正如法国人告诉你的那样，法式薯条其实是比利时人发明的）。

“我们爱美国人！你们帮助法国光复。”她对我笑了笑，有那么一刻，她看起来真的跟艾米莉[1]一模一样，“你们给我们带来了格伦·米勒[2]。”

弗雷迪跟我说起了她初到美国，在俄亥俄州立大学做交换生的经历。她说那是她人生中最棒的经历之一。

“那是我第一次接触美国文化。我欣赏美国人的生活方式，比如说美国人在等公交车时会自觉排队，人与

1 电影《天使爱美丽》中的女主角，由前文提到的法国女演员奥黛丽·塔图饰演。——编者注

2 美国著名乐队指挥，1944年前往巴黎演出途中不幸遇难。——编者注

人之间相互尊重，”她屈身向前，给我了一个甜美、真挚的表情，“这是我在哥伦布市发现的，美国人对规则敬畏有加。”

真的吗？我们果真如此吗？

但是，我想说的是——从一个局外人的角度审视自己的日常生活，是一件多么新奇的事情。

这是旅行带给我们的终极馈赠，我们可以用崭新的视角和欣赏的目光打量我们所处的一隅之地，打量我们的日常生活。旅行将永久地改变我们，引领我们学会爱人。因为，我们的心扉和视野已经完全打开了。

旅行帮助你用崭新的视角看待和欣赏世界。

巴黎魅力课堂

法国女人会告诉你趁年轻去旅行十分重要。你不需要有一大笔钱。如果你是一名学生，在高中和大学找一些做交换生的机会，或是浏览网站，寻找那些为年轻人提供的志愿者机会。

你的祖籍地还有亲戚吗？查一查，然后去拜访他们，为自己制订一份文化交流计划。

任何类型的旅行都是接触不同文化的方式，即使那种文化留存于最偏远的地方。旅行也是认识自己的一种方式，你必须让自己适应新的环境，提高自己的应变能力。

并非所有的法国女人都会像弗雷迪和皮埃尔那样去环游世界。事实上，近一半的法国人不会选择境外游，他们会享受为期五周的假期，待在家里养精蓄锐，参加各种展览，去沙滩享受日光浴，在自己的小镇游玩，还会去拜访乡下的亲友。

许多法国单身人士和已婚夫妇，都会在布列塔尼地区或法国南部合租一所大房子。

重要的一点是学会品味和享受时光。因此，法国人会在夏日度假期间休息度过整个八月，还会在十二月休假二十几天。除此之外，他们还有更多的假期，那时商店都关门了，法国人就会花时间和家人一起享受旅程。

我们似乎没有机会在日常的生活和工作中做这些事

情，但我们可以在两到三周的假期里做更多的事，我们可以去旅行！这是法国人寻找真爱和浪漫、重获幸福感的重要秘诀。

如果我们囿于周遭的环境，让自己与世隔绝——从身体上和精神上封闭自己，我们就会变得固执己见，相信自己未来的丈夫就住在十条街以内（当然这也是有可能的）。即使你未来的丈夫就住在你家附近，也不妨碍我们试想一下，一个刚从各地游历回来的女人是多么的魅力四射：或许你正戴着一对旅行时买的有趣的耳环，或许你对世界的经济形势有了新的见解，又或许你满脑子都是有意思的故事……除此之外，你还晒成了迷人的古铜色！

课堂小提示

以崭新的视角和开放的胸怀去旅行。

试试去新的地方进行一次短途旅行。回老家玩一趟，和老友家人叙叙旧，去感知那些意想不到的人和地方带给你的惊喜，以崭新的视角和开放的胸怀去旅行。

读一些旅行指南，翻一些旅行杂志，做做白日梦。做梦可是不需要任何投入的！

你将有所收获。你可能会置身异域拜访某个地方，可能会遇到真爱，或者至少结识一个朋友，而且那个朋友会在某天来拜访你。他会指出你的特别之处，会称赞普通的三明治或是其他你生活中平常的、无足轻重的事物。

所以，今天的课程是去欣赏寻常生活中的馈赠，这些馈赠就藏在我们简单又特别的生活之中。

接下来，制订计划去看看世界吧！

5

花儿的力量

亲近自然：别在衬衫上，戴在头发上，或者就拿在手上，也许这些漂亮的花儿能指引浪漫和爱情找到你。

假如你拥有图书馆和花园，

你便拥有了所需要的一切。

——西塞罗

平原上的村庄

我搭乘火车从奥斯德利兹站来到巴黎郊外的圣马丁，此刻我正身处一个名为萨克拉的小村庄。当我走出火车下楼梯时，我意外地发现这个小村庄里竟然有一个美丽的花园。花团锦簇，五彩缤纷，迎接着四方旅客。

这次来萨克拉，是为了拜访我的加拿大朋友凯瑟琳和克里斯蒂安。萨克拉小村庄位于塞纳河和卢瓦尔河之间的博斯平原，那里土壤肥沃，被称作“法国的粮仓”。

萨克拉如今仍是一个农业地区。实际上，我第一次来拜访凯特（凯瑟琳的昵称）时，正值当地一年一度的土豆丰收季。那天突然下起了倾盆大雨，我记得自己当时站在主屋的门口，门边摆了几个陶罐，里面种着鲜红的天竺葵。我看见两个非常俊俏帅气的小伙子赤裸着双脚在雨中奔跑，开心地放声大笑——他们全身上下只穿了条内裤！看到这一幕，我惊讶极了。说实话，他们看上去就像是在给某个服装品牌拍广告。后来我得知，这两个小伙子就是凯特和克里斯蒂安的儿子，他们从大学回到家中过暑假，这天去帮当地的农民挖了一整天的土豆。两人不想把泥泞带进屋子里，于是就在进门前先把衣服脱掉了。那个场景深深印在我的脑海之中，因为那一刻两个小伙子散发着迷人的自然气息，并且极具纪念意义。

凯特和克里斯蒂安都来自加拿大。每次我在村庄里闲逛，总会有人会问我到这儿的缘由，我只需说“和加拿大人待在一起”，大家便明白了，“好吧，那些家里安着蓝色百叶窗的疯狂的加拿大人！”实际上，人们不会把这句话说出口，但凯特告诉我，当地的居民似乎因为她家里安装的普罗旺斯蓝色调的百叶窗而感到苦恼。我的天！这的确不是件小事！在法国北部，人们认为百叶窗理应是深勃艮第色[1]。但是凯特向我保证这不是她和克里斯蒂安的错，因为他们买下这栋房子时，那些百叶窗就是蓝色的。

1 一种近似深酒红色的颜色。——编者注

凯特和克里斯蒂安在普林斯顿大学相遇，两人结婚后于1990年移居法国。2000年，两人来到萨克拉，买下了这幢磨坊改造的房子。克里斯蒂安在时尚圈工作，出于工作需要经常到世界各地出差。他们已经结婚28年，和其他相伴已久的夫妻一样，两人之间有着十分自然的默契和闲适。

尽管如此，我看得出来，凯特深谙婚姻经营之道，知道如何让克里斯蒂安对自己保持新鲜感。可别忘了，她是个内衣行家！其实，凯特的新书《裸露巴黎》刚出版不久，她正计划着举办一场大型书展。凯特已经在内衣这行打拼多年，她是“法国内衣秀”和“粉红内衣”（一个抗击乳腺癌的协会）的创始人。

秘密花园派对

凯特说我在这么一个特殊的周末来找她非常幸运，因为今天她将参加秘密花园派对。我还不知道这个派对上有没有值得我期待的东西。事实上，这个派对的地点实在是太隐蔽了，那幢房子仿佛没有人住。我们走到大铁门前，凯特试图将门推开，结果发现门是锁着的。她按响了门铃，我们就在门前等着。我心里琢磨，这算是什么派对呢？过了一会儿，一名中年女士以纯正的法国方式登场了。她踩着时间出现，羞怯地微笑着，为我和凯特以及聚在门外的人群打开大门。她招呼我们在花园里好好探索一番。我听不出来这名女士的口音，凯特说她其实是俄罗斯人。

凯特和我先参观了花园。我们沿着小松树林间的一条韩赛尔与格蕾特[1]风格的小道走着，在转角处发现了苹果树和竹林。我们沿路碰到了许多惊喜，比如一大垛砍好的壁炉木柴，有着淡紫色花瓣的野雏菊。后来，我们来到了一个波光粼粼的池塘，在池塘边散了会儿步。再后来，我便失去了方向感——我们走过了一座木桥，又穿过了异常茂密的花丛，路过了一些石头遗址和古老的台阶，天知道这些台阶会通往哪里。或许在公元前

1 韩赛尔与格蕾特兄妹是《格林童话》中的人物，他们成功逃离了吃人女巫的糖果小屋。——编者注

300年，一些罗马人曾经在此居住，并修建了这条罗马小路。

突然，我们来到一片广阔的草坪前，草坪上伫立着一座糖果屋风格的小屋，配有勃艮第百叶窗和崩塌的石阶。石墙的一边用小字写着Le Paradis Vert（绿色乐园）。我站在一座满是野花的花园前面，看到遍地的黑眼苏珊、野玫瑰、小雏菊以及紫色洋地黄，但我最迷恋的还是橙色豆荚，它们看起来有点儿像迷你南瓜或是杰克南瓜灯。一个法国女人俯下身来，在我耳边低语着“Ah, La Cage d'Amour（啊，爱情之笼）”。

不过我没有时间去深究这个了，因为我们的女主人——那名俄罗斯女士出现了。

我们走到临时搭建的小“剧院”，摆好红色折叠椅后，凯特告诉我这幢房子的两个俄罗斯主人其实是兄妹，20世纪30年代，他们已故的父母在孩提时来到了法国，所以他们其实是土生土长的法国人。此时，大概有20人聚集在这里，兄妹中的哥哥先做了自我介绍，并调侃他妹妹是个脾气古怪的女人。那名俄罗斯女士显然患了重感冒，她假装生气地望向她的哥哥，但更多的是打趣的态度，我这才意识到这是他们的日常交流方式。他们身穿俄罗斯服饰——传统的白色绣花科索沃特克衬衫，脖子上系着俄罗斯围巾。表演开始了，哥哥弹起了巴拉莱卡琴，唱起了俄罗斯传统民歌，而脾气有些古怪、患了重感冒的妹妹则弹着吉他唱副歌。我必须说的是，尽管她患了感冒，但她的声音真的如天籁一般美好。

每首歌结束后，他们就会打趣、嘲讽彼此，就像是还没长大的孩子。后来，他们又介绍了一首取材于俄罗斯民间故事的新歌，歌词以猫、画眉鸟和公鸡为主角。正如妹妹介绍的那样，这首歌以想偷走公鸡的狐狸的口吻唱出。台下的观众们都兴致勃勃地听着。突然，我们的注意力被农舍屋顶上的一只猫吸引过去。这只虎斑－暹罗混血猫跳到屋顶的最高处，开始踱步，好像在进行一场高难度的马戏表演，企图吸引所有观众的目光。凯特和我面面相觑，我们都担心这只猫会从屋顶掉下来。见此情景，哥哥笑出了声，不得不把现场“交给”这只正在进行高空表演的猫。

整场派对都是如此耐人寻味。

迷人的豆瓣菜花束

当我们回到凯特家时，克里斯蒂安也刚比赛完回到家。一年一度的瑞讷河跑步赛正在萨克拉举行，它是一项长达七千米的长距离比赛，已经举办很多年了，克里斯蒂安每届都会参加。比赛途经梅里维尔村庄，那里的人将自己的村庄称作“世界豆瓣菜之乡”。没错，豆瓣菜，也可以像法国人那样称其为豌豆苗。法国人对这种植物引以为傲。因此，虽然克里斯蒂安刚结束比赛，面部通红，汗流浃背，但他仍在得意扬扬地炫耀着奖品——一束豆瓣菜！

这奖品虽微不足道，却优雅实用。克里斯蒂安打算将这份奖品做成一道沙拉：在豆瓣菜上拌点儿醋汁，加入松子、油桃、核桃，最后放上热山羊奶酪。

这里发生的一切都是那么充满魅力，没有一丝故作精致的意味。秘密花园派对似乎是在最后时刻才彰显出它的意义。实际上，当你以大自然为向导的时候，你的生活将会毫不费力地优雅起来。你不必刻意去巴黎郊外的小村庄享受大自然的魅力，因为自然无处不在。

伊甸园中的玛丽莲·梦露

我抵达了奥维拉尔——一个位于法国西南部的小村庄。我这次旅行是为了在弗吉尼亚创意艺术中心获得艺术家居留权以便开展写作，顺便拜访一些朋友。我来过奥维拉尔很多次了，这还是第一次在创意艺术中心旁边的港口花园的农场木桩上，看到挂着的漂亮女人的手绘照片。照片中的大多数女子都戴着帽子、系着围巾，看起来很有法式风情，但后来我注意到其中还有玛丽莲·梦露，她的照片就在英国女王伊丽莎白二世的旁边。你也许会好奇，这是怎么回事？其实，这是奥维拉尔的村民们在利用这些高木桩和带有肖像绘画的标志，划定他们的小小地盘。

于是，我的脑海中浮现出了这样的场景，一个法国人说道：“瞧见了吗？花园中央金发红唇的玛丽莲·梦露，正守卫着熟透了的番茄！那是我的地盘！”

我喜欢来奥维拉尔，这里被法国官方誉为“法国最美村庄之一”，也是圣地亚哥－德孔波斯特拉之路上的歇脚处，我从工作室的窗子可以瞥见前去西班牙的朝圣者。他们中的一些人拄着拐杖走路，还有人牵着驴子。他们住在村庄广场山顶的小旅馆里，旁边是著名的圣皮埃尔大教堂。

我在奥维拉尔开展写作和研究，作为这些诗人中唯一的非纪实类作家。这里有三个诗人，其中的两个来自英国，还有一个来自美国加利福尼亚州，名叫苏珊·古博娜。苏珊著书颇多，她的书还曾获过奖。她也创作歌剧，还是加州州立大学东湾分校的教授。

然而，她第一眼吸引我的并非是这些成就和身份，而是她鲜艳的口红！

涂亮红色口红的女人之间存在一种无法言喻的姐妹情谊，就像我和苏珊一样，我想这就是我们立刻成了朋友的原因。对了，她还是一个很棒的厨师！

星期日，大家都会去奥维拉尔市场。那里有当地农民贩卖的新鲜蔬菜、鸡蛋、奶酪、黄油、酸奶、鹅肝酱，还有非常漂亮的鲜花。

某个特殊的星期日，苏珊有事不能去市场，她拜托我去买些花来装点她的写作室。这天，市场上的鲜花种类繁多，有甜美的红玫瑰，大朵的白色牡丹、雏菊，以及爱出风头的剑兰，它那一层层带褶边的白色花瓣在秋日微风中摇曳。然而，我却被不起眼的百日菊吸引了。好吧，也算不上多么不起眼。它们的花瓣是亮粉色、橙色和红色的。我把花带给苏珊时，泪水立刻涌上了她的眼眶。后来我得知，这是她祖母最喜欢的花。这束生长在法国南部的百日菊，让她的房间充满了祖母的气息。此刻，望着那色彩艳丽、形态娇柔的花瓣，我仿佛感受到了这个移居法国的女人心中所秉持的勇气、力量和信念。

近日，苏珊给我讲述了她祖母和百日菊的故事：

我的祖母刚到美国就成了镇上的园丁，此前她在加利西亚自治区[1]的一个农场工作。祖母当时住在一间小农舍的二楼，一楼住着家禽。可以说，她那富有生机的双手，给纽瓦克那片贫瘠的土地带来了勃勃生机。除了美丽的玫瑰花和其他花草，她还种了洋红、橙色、鲜黄色的百日菊。秋天，花儿谢了，她把花儿埋在土里，为来年的播种储存种子。就这样，百日菊年复一年地蔓延生长，却不用重新播种。到了冬天，鞋盒里蕴藏着百日菊奇妙的潜力，这潜力会在夏末活跃起来，而我总会把它和自己八月初的生日联系在一起。

我喜欢百日菊，它们不是那种花店里能买到的植物，既不娇贵，也不温顺。我喜欢它们粗野的美丽和坚韧的精神。我喜欢祖母每年种花都能带来的收获与惊喜。

1 西班牙西北部的一个自治区。——编者注

花与调情之道

两年前，我在巴黎沿着拉辛路散步时，在一家咖啡馆门口偶遇了两个法国女人。她们凑在小桌旁，激情地商讨着什么，语气中甚至夹杂着几丝紧迫感。出于好奇，我停下脚步，想知道到底发生了什么。原来是咖啡馆把昨天的花摆到桌子上，并留了一张写着“欢迎大家拿走”的小纸条。那两个女人已经拿走几束花了，她们建议我也拿几束。这些花太美了，大朵的粉色百合散发出浓郁的香气。既然我要去见我的朋友塞尔维，我心想不如把这些花带上，作为礼物送给她。

可是，这又给我出了一个小难题——我不能只空手拿着百合花去她家。于是，我去了圣杰曼大街附近的店里，打算把花包装一下。一进店门，众人的热情便扑面而来。没错，我手中的百合花引发了不小的轰动。每个人——包括门口站着的人，来来往往的顾客，还有一名高个子的店员，都对我的百合花投来惊羡的目光。

当我请店员帮我给百合花找一些包装纸和丝带时，他兴奋不已，还询问我是否知道花粉沾在裙子上会很难清洗。他告诉我该如何做以避免这种情况发生，旁边一个帅气的男顾客也表示赞同。

在那一刻，我默默地记下，对很多男人来说，百合花就像猫薄荷一样！我必须把这一发现告诉我的女性朋友们！

这仅仅是我在圣杰曼大街上遇见的诸多赞赏我的人中的一部分，第一次，我似乎发现了一种完美的调情方式。每个人都赞赏这些粉色百合，每个人都想告诉我花粉的事，还有人想知道我要把百合花带到哪里，以及我能否把花送给他们。

啊，爱情！

然而，这不是爱情！这只是一些漂亮的花。

但我是一个作家，我的工作是帮助读者找到浪漫和爱情。让我们分析一下这些百合花，它们为什么会引起如此的轰动。好吧，因为它们是美丽的粉色百合，所以引起了人们的注意与评论。除此之外，这些百合花既饱满又艳丽，为我增添了某种吸引力。还有很重要的一点——女士们或许会遭遇花粉的麻烦，而大众推崇的好男人正是那种“万能英雄”形象。你瞧，我无意间发现了一个调情的技巧。

* 这些花很漂亮，因此值得赞美。
* 这些花既饱满又醒目，吸引了人们的注

意力，令人好奇。

* 花粉问题会让具有英雄情怀的男人产生帮助我的想法，从而与我交谈。

* 花粉问题让男人们有机会炫耀他们有关花粉、科学、织物和去除污渍的知识，想以此打动我。

所以，感受花儿的力量吧！这是大自然普遍存在的力量。

粉色百合、绿松石墙和左岸女人

我捧着百合花，成功地没让花粉沾染到衣服。我从矛伯·缪杜里地铁站出来，顺利抵达塞尔维的公寓。我爬了五层楼梯后，塞尔维为我打开了门。她见到我十分高兴，眼睛明亮而闪烁，头发也剪短了不少。她比之前在科德角时瘦了许多，但她让我们不必担心，她很好。

塞尔维接过百合花，把它们插在一个装有水的大花瓶里。我们一起把花瓶放在壁炉架上，她在墙上画了一个美丽的蓝绿色图案，粉色百合与蓝绿色图案形成了鲜明对比，我拍下了这幅画面。我很高兴拍了那张照片，因为那是我最后一次在塞尔维位于左岸的公寓里见到她。正如苏珊和她的百日菊，当我再一次看到百合花时，我的心境已全然改变。我亲爱的法国朋友已经走了，但每当我身处大自然之中，每当我看着优雅的粉色百合或简朴的雏菊，我就会想起塞尔维和我们度过的那段特别时光。

巴黎魅力课堂

我们可以找到爱情。不是通过公式、算法或一份500道题的在线问卷，而是通过我们的感官反应，通过享受生活，通过平淡日子里的奇思妙想。你可以走在大街上，手拿一大束鲜花、一把蕾丝遮阳伞、一把吉他、一篮子苹果或者牵着一只小狗。请活在当下吧！欣然接受当下的生活并感知周遭的世界。

欣然接受当下的生活并感知周遭的世界。

如此，就像法国人那样，我们爱上某个男人可能完全是个意外，他可能完全不符合我们心中完美伴侣的标准，可能只是一个知道如何去除白色衬衣上的花粉的人，但也可能比我们想象的更完美。

不妨挑个日子，和那些你平日觉得完全没有浪漫细胞的男人聊聊天，留意下自己的感受和感官反应。想一想你曾经拒绝过的男人，或是那些在照片里看上去相貌平平的男人。

问问自己，哪种男人更能吸引你的眼球。可能并不是那些外表帅气的男人，而是曾经打动你或是现在正感动你的。你是否在寻求完美伴侣的过程中，忽略了某些事情呢？

拥抱花儿的力量吧。把花赠给他人，在衬衫上别一朵鲜花，在头发上戴一朵鲜花，或是种一些花。注意随时随地与他人交流。

将自然的气息带进室内吧。即使是在最寒冷的冬天，你也可以在壁炉架上放一小片常青树叶子。你可以在市场上买些鲜花。如果你要离开这座城市，也要买一些可爱的鲜花随身带着。

播种种子，好好浇灌它们吧！奇迹自会出现。

课堂小提示

今天就出门去亲近自然吧。即使你住在大城市，你也可以在公园里散散步。

抽时间看看市场里的蔬菜，认真观察它们，欣赏大自然复杂的朴素感，领略简单的豆瓣菜（或罗勒、芫荽、百里香）的美丽和神奇。

采些野花，并把它们带回家。若没有野花可采，就去市场买一些鲜花带回家。这些微不足道的举动其实可以改变你的世界。

6

找到你的专属色彩

什么颜色让你感到快乐？男人迷恋快乐的女人：选出你的标志色，它将改善你的容貌，展现出你是怎样的人。

如果一个男人以某种颜色来识别一个女人，
那么每当这个男人看到这种颜色，
他便会想到这个女人以及对她的情感。
——玛琳 · 博多斯

谁说巴黎人只穿黑色衣服！

我现在身处巴黎，放眼望去全是黄色的衣服。黄色！这似乎是秋天的颜色。当我就此事询问旅居法国的美国朋友南希时，她说道："这就像她们都收到了要穿黄色衣服的短信似的。"南希嫁给了一个法国医生，两人在巴黎生活了20多年。"你没在联系人列表上吗？"我这样问南希，她大笑起来。我们已经是老朋友了。我和她在雅诗兰黛的活动上初次碰面，那时我们才20多岁。从那时起，我们就喜欢打趣对方。这时正值雅诗兰黛标志性香水“美丽”（Beautiful）的发行期，而它的包装是亮粉色系。

回到颜色的话题上，南希佯装失望地对我说：“没有，巴黎人并没有给我发出新流行色的预告！”

“这太遗憾了。”我说，并且南希也这样认为。

我们正在特罗卡德罗的街角享用贵得离谱的咖啡。这家咖啡馆离南希的办公室和家都不远，是一个与时尚人士交流的绝佳场地。南希仍在美容行业工作，而我又重拾起终身挚爱的事业——写作。这就是我再次来到巴黎的原因。我通常每年来“光之城”两次，而在这次特殊的旅行中，我深深地沉溺在它的颜色里！

我高度关注橱窗里和大街上的最新潮流。或许因为这次旅行恰逢时装周，或许是因为我目之所及全是黄色：黄色外套、黄色鞋子、黄色围巾，还有黄色钱包。

我的朋友伊迪丝说因为现在是秋天，是收获的季节，所以当然就流行黄色，就像流行勃艮第葡萄酒之于葡萄丰收一样。她告诉我，对法国人来说，时尚总是与大自然、食物、香水和土地相关联。那为什么黄色会如此流行？又为什么偏偏是在秋季呢？

在遇到我的巴黎朋友瓦莱丽时，我还在纠结这个问题。她并没有穿属于这个季节的黄色衣服，而是选择了橙色。事实上，不管季节的“讯息”是什么，她都穿着橙色衣服，那是她的标志性颜色。

瓦莱丽是美味收藏店的老板。这是巴黎的一家精品店，专营策划美食事宜（意思是她亲自选购店里的商品）。

如果你去了瓦莱丽的店，你肯定会对她印象深刻。的确，橙色就是她的标志色，小包是橙色的，店里的墙壁是橙色的，而且瓦莱丽每天都穿橙色衣服，戴橙色太阳镜，头顶亮红色头发。她的造型毫无粗野之气，反而醒目又时髦，可爱至极。对于橙色的钟爱使瓦莱丽拥有了独树一帜的个人品牌。若你细想一下，法国人早已懂得颜色和品牌的力量，就像爱马仕的橙色那样。

瓦莱丽的标志性橙色，让她简单轻松地展现出自己是一个有着有趣灵魂、艺术气质和独创性的人。

选择一种属于你自己的颜色，每天穿一点儿在身上吧。

当我询问瓦莱丽是如何选中这个颜色时，她害羞地笑了笑，用她那非常可爱的法式口音告诉我："橙色是一种有活力的颜色，而红色太像血色了。"瓦莱丽在她位于玛莎林街的店里转头望向窗外，而后又转向我。"橙色可以与很多东西搭配，"她用真诚的口吻说道，"橙色适合每个女孩，也适合各种时尚、各式发型。我个人觉得橙色十分优雅。橙色适合有趣的女孩，就算只用一条橙色腰带做修饰，也会很搭；橙色也适合年长的女性，不仅仅是某个特定的季节，哪怕是一年四季，全身橙色都同样适合。"

老实说，我从未见过哪个美国女人会如此热情地谈论某种颜色。我明白出现这种热情的部分原因与瓦莱丽的英语不熟练有关，因为她费力拼凑正确词汇的姿态会增加某种紧迫感，某种想要被理解的意图。（我只想说明一点：对那些费力讲法语的人而言，或许你并未意识到这种费力感会传递出热情与活力——所以，请试着讲法语吧！你必须试一试！）

瓦莱丽列举出很多深浅不一的橙色，比如棕橙色和黄橙色。在夏天，橙色可以与绿色搭配。"巴黎并非一座只有灰色的城市！"她坚定地说，"塞纳河上的日落时分在六七点钟，你可以在新桥[1]上欣赏日落。那种橙色

1 新桥位于西堤岛的西侧，连接巴黎的左岸与右岸，是塞纳河上最古老的桥。——译者注

美极了！”

瓦莱丽向我讲述了她与橙色相关的第一个重大事件——18岁的她将自己金色的头发染成了橙色（其实我认为那是红色或红褐色）。她强调自己绝不会再改变发色，因为她觉得橙色太有活力了。

“我不喜欢灰色或蓝色，它们太过安逸了。橙色给了我很多活力，让我感到开心。生活并非那样安逸，我也不像一个瑜伽女孩。我的工作任务很重，还要照顾家人和朋友，我是一个地地道道的巴黎人。”

瓦莱丽继续向我讲述她在巴黎的成长历程。她的母亲来自诺曼底，父亲来自英国。瓦莱丽热爱巴黎的美食，还有她的巴黎朋友。

我们聊了聊她的店，以及这家店受欢迎的原因。她表示如今巴黎人的厨房不像过去那样是独立的空间，而是开放式的，是大家可以聚在一起的地方。“现在的厨房不那么正式了，每个人都能在厨房帮上一把，这样也方便聚餐。”瓦莱丽说道。

我又问起瓦莱丽店里卖的橄榄油。橄榄油瓶盖上的喷头使得整个瓶身看着更像是一瓶昂贵的香水。她说自己信赖好的品质与设计。

当瓦莱丽还是个孩子时，她喜欢糖果，盼望着有天能去拜访“甜甜女士”。其实她并不记得这个女士的真名，她当时年纪还小，因为喜欢“甜甜女士”的焦糖、果冻糖和棒棒糖才如此称呼她。她觉得“甜甜女士”的糖果店富有魔力，甚至认为自己长大后可以买下这家店。许多年过去了，瓦莱丽去了著名的巴黎时装学院ESMOD国际服装设计学院学习，在那里，她学到了内衣设计的精细工艺。你看，从喜爱糖果和零食再到欣赏蕾丝、丝绸、缎带和蝴蝶结，都是兴趣使然。这很有道理，不是吗？

瓦莱丽停下话头，与一个走进店里的顾客搭起话来。这个女顾客是来买松露橄榄油的。她们热烈地聊起了烹调和晚餐派对，以及如何在使用橄榄油时既能确保松露的美味又不至过分油腻。瓦莱丽还告诉女顾客这瓶松露橄榄油要在六个月内用完，而且要妥善放置，避光保存。

送走顾客后，瓦莱丽又回到我们刚才的话题。她说自己前不久去了趟中国，受一个顾客之托做演讲，以一些食物和内衣的搭配为例，介绍了巴黎最新的色彩潮流趋势。我重复了她刚说的话，以确保我听到的是对的：“你把某些食物和内衣搭配在一起？”

“当然！”她看起来有一丝不耐烦，“内衣和口味是一致的，对内衣的偏好和对食物的喜爱是一致的。”

灰色的六十种色调

我和卡罗尔·吉洛特已经相识多年了。我们最初是在纽约认识的，当时我们都对法国的一切非常感兴趣。她是我最钟爱的博客“巴黎早餐”的创建者，所以我下定决心要找机会见见她。瞧瞧，卡罗尔的署名是“我绘制巴黎的梦”。她是一个出色的艺术家，看重旅行甚于婚姻。她大概是这么对我说的，但是谁知道呢！我觉得她未来会遇到爱情，因为她富有魅力与天赋。卡罗尔在成为全职博主之前，曾在意大利设计鞋子，在香港设计时装，曾为纽约一家顶尖的葡萄酒公司制作葡萄酒艺术品，也曾在韦尔济的凯歌大厦和波尔多的大酒庄度假。

瞧，多么精彩的生活啊！

2012年，在卡罗尔72岁的时候，她搬去巴黎做起了全职博主，她说这可以省下一笔机票钱。她还是一如既往的有趣，一点也不像70多岁的人。她留着一头金色的草莓形短发，戴着一副标志性的红色太阳镜，太阳镜下是她那绿色的眼眸，她涂的是Mac品牌的俄罗斯红色口红。我对自己说，一定要试试这个色系。她看上去美丽迷人，仿佛才50岁出头。如今，卡罗尔在圣路易斯岛生活，住在一间历史悠久的别墅里的艺术家阁楼上（别墅的顶层之前住过女仆）。她一边望向巴黎壮观的景色，一边画画，给信件和地图配插图，然后把信件寄给世界各地订阅她博客的人。

是的，她是一个深谙色彩搭配的典型艺术家。这是毫无疑问的。

在巴黎特有的灰色阴天，我们在位于老喜剧院街的普罗可布咖啡馆[1]吃午饭，点了鸭肉和两长笛杯的香槟。

我向卡罗尔询问关于巴黎的颜色，她对我发了几句牢骚。我又问她为什么在巴黎时尚的颜色不是灰色就是黑色，她告诉我那是巴黎的光线使然。她对我会心一笑："巴黎人不把虚无的东西称作光之城！"在一张便条纸上，她为我更庄重地解构了巴黎的灰色。

1 普罗可布咖啡馆可谓巴黎最古老的咖啡馆之一。这间创立于1686年的咖啡馆从最初的名不见经传，到18世纪发展成知识分子的集会场所，咖啡馆吸引了伏尔泰、本杰明·富兰克林、托马斯·杰斐逊等世界名人。——译者注

这是灰色的天空，这是漫天的毛毛雨，这是豪斯曼建筑的灰色或浅黄色的中性色调，还有灰色鹅卵石街道。这与遗传学或玛丽·安托瓦内特王后无关，只与天气有关。

为什么艺术家都喜爱巴黎，并蜂拥前来？因为多云的天气会让色彩变得更加丰富。摄影

灰色的天空更能凸显明亮的色彩。

师喜欢多云的灰色天空，因为这样他们会拍到更多云层反射出的色彩。

灰色的天空更能凸显明亮的色彩，这是基础的颜色理论。灰色成为其他明亮的色彩最完美的陪衬，这就是为什么你会在巴黎看到亮蓝色、黄色或红色的店面。

灿烂而明亮的色彩光芒四射，与宁静的灰色背景形成鲜明对比。我们喜欢拉杜丽的浅绿色、凯歌香槟的黄色香槟字标、爱马仕的橙色包、艾迪雅香槟酒的红色字标，以及馥颂的亮粉色。

所有的巧克力大亨都喜欢橙色。事实上，橙色在巴黎是一个非常流行的颜色，它寓意着尊贵和豪华，在黑色时尚里独树一帜。

我把瓦莱丽的看法说给卡罗尔听，卡罗尔爽朗地笑了，并补充说橙色也是爱马仕一年一度的巧克力沙龙的标志性颜色。

巴黎人喜欢寻求明亮的颜色，而这颜色必须属于一个合适的色系。因为巴黎人生活在一个几近全灰的环境里，他们需要明亮的颜色来呼吸和生存。

接着，卡罗尔笑着对我说："作为一个局外人，或是一个异域人，我能看到法国人忽略掉的事物。"

我们举起了香槟酒杯，碰杯后相互祝酒道："À la votre!（祝你健康！）"

太阳来了

如果你冬天是在巴黎度过的，那么你应该会在地铁站和街道上看到一系列大型海报，海报上的广告写着冬天就要走了，晴朗的天气即将来临。出人意料的是，海报并未印有阿鲁巴或圣马丁岛的海滩景色，而是一张色彩斑斓的凡尔赛宫照片，上面有亮粉色的家具和奢华的亮粉色窗帘。我尝试翻译了广告上的法语。

> 这个冬天，去感受颜色吧。
>
> 这个冬天，去拓宽你的视野吧。
>
> 这个冬天，沐浴阳光，开启一段新的旅程吧。

对我来说，这是一个意外发现。即便我不能去某个小岛度假，也不能去阳光灿烂的佛罗里达州做短途旅行，我仍然可以通过参观博物馆或是戴上一条亮粉色围巾来感受颜色。

> 通过改变色彩来改变心情，甚至改变未来。

感受蓝色

当我在法国旅行时，我能感受到人们的确对颜色非常重视。法国女人似乎天生就有选择自己标志性颜色的天赋，她们是如何做到这一点的呢？

丹妮丝是一个艺术家，也是蓝色的忠实拥护者。我第一次见到她是在2010年，当时我在奥维拉尔给一个创意写作班授课，身旁是艺术家谢丽尔·福缇尔，她正给一个水彩班授课。我们带着学生去莱克图尔镇进行实地考察，以了解靛蓝植物以及“莱克图尔蓝”是如何在中世纪诞生的。丹妮丝是一个身材娇小的女人，留着超短发，有一对深邃的蓝色眸子。她站在一个巨大的蓝色颜料桶前，用木制的桨叶搅拌着浓厚的颜料，我不由自主地认为她是一个深谙法国历史的睿智女人。事实上，她讲述的靛蓝植物可以制作蓝色颜料的故事，让身为作家和艺术家的观众们着迷。她举起柔软的绿色花瓣，走进人群让大家观赏，然后她又用中世纪的法国故事来活跃气氛。

那天的经历和故事让我着迷，我在礼品店买了一件手工染制的蓝色贝雷帽，并把蓝色定为我的标志性颜色。在这之后，我再也不会把蓝色（或者任何颜色）当成是理所当然的了，因为直到现在，我才懂得呈现蓝色所需的劳动、心血和热情。

丹妮丝的新工作室在蒙霍伊，离奥维拉尔很近，可供游客参观。她其实出生于美国，在法国长大，自小就受父母影响，接受古典音乐和欧洲历史的熏陶。她和已故的丈夫都喜爱法国西南部，也都喜欢法国蓝。后来她成了一名研制靛蓝色的能手。经过多年的工作历练，她已经能够调配出最精致的蓝色色系。我的贝雷帽就是出自她调配的某种蓝色。世界上不会有人拥有和我一样的蓝色贝雷帽，因为它具有某些瑕疵，这使得它独一无二。

今天，我向丹妮丝询问为什么法国女性似乎天生就掌握了鉴赏与选择色彩的诀窍，她解释说，这一切都与历史、传统和象征主义有关。

许多世纪以来，颜色在社会地位和地理位置方面都具有重要意义。女人会选择一种特定的颜色，这可能取决于当天的日期和年份、她的婚姻状况，以及她爱人的社会地位。在法国的宫廷里，你必须成为时尚偶像。如果国王的宠儿穿着淡蓝色的服饰，或是浅红色、金黄色的衣服，这都是重要的预示。规则是需要遵从的，无论你出身贫穷或富有，居住在巴黎还是外省，这个规则都会从母亲传给女儿。着装规范是由颜色决定的。我认为这种对颜色的理解植根于法国女人。法国女人总是拥有一种内在的能力，去选择那些让她们看上去美丽且新潮、时尚的颜色。和意大利一样，法国是一个风靡色彩、艺术、历史和装饰的国家。小女孩通过观察母亲来学习，她们会留意绘画和大自然中的不同色彩。我深信这些都是她们与生俱来的能力。在法国，诱惑是很重要的。对法国对法国女人而言，颜色就是用来诱惑的。

女人而言，颜色就是用来诱惑的。法国女人的想象力很丰富，她们会果断地选择亮色来改善自己的容貌。

不要畏惧鲜艳的色彩。

丹妮丝说，在法国，母亲会和女儿一起欣赏画作，领略自然中的各种色彩，这深深触动了我。我也养育了一个年轻艺术家，现在她33岁了，有一个女儿。但我时常在想，当她还是个小女孩的时候，彼时我正在加州大学洛杉矶分校的戏剧、电影和电视学院学习剧本创作，她陪我度过了每一天。我们一起漫步走过雕塑园，参观美术馆。我女儿小的时候看过很多学生创作的电影，从她学会走路和说话时起，她就宣称自己是一名艺术家。有一天，我带她去了一家名叫“拉格泰姆牛仔”的复古店，他们正在出售芭蕾小短裙。每件短裙售价一美元，我们买了十条不同颜色的裙子，合起来组成了一道彩虹的颜色。

今天，我的女儿是小朱妮的母亲，同时也是一名平面设计师。她在颜色方面很有眼光！我相信这不仅是因为她有法国人的DNA（因为说实话，她只有一点儿），还因为她从小就接触艺术和自然。这正是丹妮丝曾经说过的观点：对颜色的鉴赏和理解是从母亲那里传给女儿的。如果真是这样的话，为何不从今天就开始呢？在大自然中散步，留意天空和树的颜色；参观博物馆，去寻找那些对你有意义的颜色。问问自己，哪种颜色在无形之中联系着你和你的祖辈。你可能不太明白为什么一串柔软的珊瑚，或是它鲜艳的洋红色会让你突然发出一声叹息，但我建议你相信自己的直觉。谈及颜色时，请相信你的身体和情绪，因为这是你的祖辈（包括你的祖母、曾祖母和高祖母）正通过时间、空间和历史与你交谈的方式。

抽出一些时间，倾听颜色在你心里荡漾的声音吧。

巴黎魅力课堂

我们中的很多人是根据遇到的某位专家或读过的某本书，选出自己的标志性颜色的，书中描写了如何选出最衬肤色的颜色。这与生活息息相关，并有一定的科学性。法国人会在不同的季节挑出最适合自己的不同标志性颜色，而法国女人则将这些知识上升至一个更高的层面。

法国女人运用色彩的知识来寻找欢乐、美丽、和平、成功和爱情。选择合适的颜色会带来爱情吗？法国女人会告诉你：是的，绝对是！实际上，我所认识的法国女人都接受标志性颜色这个概念。我的朋友玛丽·若艾尔住在巴黎东南部贝桑松的一所大学小镇里，她会用各种不同的方式来调配颜色。玛丽有一家属于自己的美发沙龙，所以她可以试验自己所选的颜色。她经常穿着紫色或绛紫色的衣服，再搭配一些意想不到的金属色，比如一件银色夹克或一双金色高跟鞋。这听起来有些疯狂，但事实的确如此，她的这种做法极其吸睛，时髦而前卫。几年前，当我和杰西卡住在玛丽家时，她家里的某个房间的一面墙被刷成了亮黄色，墙上挂满了玛丽的帽子，足足有20多顶，所呈现的效果真的十分令人着迷。

如果你还没尝试过的话，就去挑选适合自己的色系，再选出一个属于你的标志性颜色。更重要的是，去探索不同颜色带给你的感受。是什么颜色改变了你的视野？是什么颜色反映了你的个性？你又想通过什么颜色向世界展示自己？你想让某个男人记住你吗？当他看到天空的颜色，他会想起你吗？法国女人知道颜色、衣服和装饰品是很私人的事情，所以她们会用尽一生去寻找自我，甚至连汽车的颜色也会反映出她们的心理。顺便说一下，你在法国会看到很多奇特的颜色，比如粉红色、淡蓝色、橙色、黄色、浅绿色，甚至绿松石色。

我在家乡有一个很要好的朋友玛丽安娜，我第一次见她是在当地的农夫市场上。我和我丈夫有一个卖蔬菜的摊位，而玛丽安娜卖的是野花和草药。她的横幅上写着“伊思特花园”。她十岁的儿子名叫特里斯坦，所以你可以想象我是如何立刻就被这个年轻女人迷住的。我们坐在各自的摊位上招待顾客，炎热的夏天过去了，我们成了好朋友。

假期里，玛丽安娜和特里斯坦来我家吃晚饭，我们聊起了我的亮粉色椅子。是的，尽管汤普森博士抗议，我们家还是有着两把路易四世风格的亮粉色椅子，椅子上印有法国百合图案。我父亲也曾说过搬走一把椅子之类的话，只是我们还不清楚他具体指的是哪一把。这时玛丽安娜说：“噢，你是说风尘椅？”起初，我很费解这个称呼，但后来我意识到自己有点儿喜欢这个说法。是的，它们是性感的亮粉色椅子，它们显得我是一个非常艳丽的女人。我不是适合米色沙发的女人，我是一个适合亮粉色天鹅绒椅子的女人！像瓦莱丽一样，亮粉色带给我力量，让我感到快乐。

我希望这能激励你扪心自问，什么颜色能让你感到快乐。它可能是宁静的蓝色、纯洁的白色、紫色或是亮橙色。关键是你要找到属于自己的幸福。

顺便说一下，男人迷恋快乐的女人。

试想，你的标志性颜色帮你打开了话匣子，就像在圣日耳曼大道上手捧一束百合那样奏效。因为当你衣着漂亮、时髦、独特而有个性时，你正在无声地传递着一个信息：你很自信，你会欢迎带一点点轻松的调情。

课堂小提示

本周，尝试一种你喜欢的颜色，也许你会觉得这颜色有些太过。刚开始的时候，你可以仅仅把这种颜色作为装饰品来搭配，比如围巾。问问你对这种颜色的感觉如何，并注意他人对你尝试的颜色作何评价。

观察大自然，看看哪些颜色能捕捉到你的想象力。试着在你家里添加一些丰富的色调，买几个彩色抱枕，看看这些颜色让你作何感觉，它们是否与你家的环境相搭配。

让你的颜色们互相交谈。

首先把衣橱里所有的衣服依据颜色分开，再一件一件地拿出来，将不同颜色进行匹配，看看哪些颜色能点亮你的眼睛和心灵。

7

法式调情的艺术

调情不是路障，而是一条魅力无穷的蜿蜒小路：
善用身边的日常事物，重新定义生活中的调情。

当她抬起眼眸时，
就好像她正在脱下所有衣服似的。
——柯莱特

每当我和美国朋友谈论起“调情”，他们似乎都略显紧张，尤其是男性朋友。我想，这是因为他们认为调情就是一种性暗示，如果没有成功，他们就将这种暗示解释为一个大大的令人失望的玩笑。事实上，他们感觉自己被戏弄了！

另一方面，美国女人想知道的是，我怎样才能赢得那个男人的青睐。而法国女人会告诉你，这本身就是一个错误命题，因为这种想法只会让男人离你更远。而且，与你追求他相比，让他追求你才是更明智的做法。事实上，只要我们放慢生活速度，享受生活、爱情和友情，与人交流，留意世间的种种可能性和魅力，我们的生活就会更加美好。

这就是调情与魅力对法国人的生活如此重要的原因。这是一种优雅的方式，即使不问任何问题，你也能获得“是”这个肯定答案。同时，这也是你与世界分享快乐的一种方式。

在我早期跟着M女士学习的时候，她就告诉我“调情”的法语单词来自conter fleurette，字面意思是谈论一朵小花。我们可能会将其翻译为“甜言蜜语”，但调情的概念在法语中更为微妙、复杂。法式调情除了能为你的生活增添一丝魅力外，再无其他目的。法国女人懂得，当我们拥有属于自身的魅力、沉稳、智慧、优雅以及对周围世界的欣赏态度时，我们就会变得魅力无穷，令人无法克制。

法国女人总是和所有人调情（谈论花朵）。她们经常谈论天气的好坏，点评你穿的可爱鞋子或者提一些应景的问题。她们有时也会抱怨（这其实是法国人最喜欢的消遣方式）。这是为了展现友好的姿态，表达对生活魅力和智慧是法式调情的基础。

的热爱，融入大家的交谈和践行活在当下的生活理念。魅力和智慧是法式调情的基础。法国女人曾告诉我，在与人交谈时，你不能只是提前准备好几句富有智慧的妙语，还应该打起十二分精神，认真聆听，然后快速做出回应。把它当作一个小小的智慧游戏，轻松而有趣。

这个游戏还有另一个好处。假如你正在和一个老太太或小孩“谈论一朵小花”，一个男人可能会无意间听到你们的谈话，然后参与其中。他会觉得这种方式很安全，因为他并没有骚扰到任何人，也没有横冲直撞地闯入话题。相反，他仅仅是对你们的话题感兴趣而已。

大多数美国女人常犯的一个错误，就是她们试图单独和男人调情。这对她们来说一点儿益处也没有。这种方式只会让双方都忐忑不安，并且可能会给男方传递错误的信息。法国女人则偏爱集体作战——这就是旧时年长女性陪伴未婚少女外出的现代版。诚然，她们没有简·奥斯汀式的女伴，但她们还是喜欢集体出行。因此，在法国，晚餐派对比约会更受欢迎。群体活动和宴会是一种能巧妙掩盖你内心想法的方式，没有人怀疑你正在倾心某个男人。这只是属于你个人的甜蜜小秘密，可以在幸福时刻品尝回味。这种方式没有既定的预案，只有幸福和魅力。

学会调情

现在，当我回想起跟着M女士学习的那段时间，我才意识到她是法式调情艺术的专家，如果有这样一门学问，那她确实是一个调情高手。在我去她家之前，我就已经被她深深地吸引了。我每次都开车沿着蜿蜒的小路前往她家，道路两旁的树冠形成了天然的大帐篷，秋天的落叶散了一地，车轮轧过落叶，发出沙沙响声。我停好车，来到她家门前，重重地扣三下形似蜻蜓的门环。有时，M女士会迅速开门并向我微笑，好像看见我惊喜万分似的（尽管十分钟前她就已经在等我了），然后她会像对待失散多年的朋友一样迎接我，亲吻我的双颊，最后对我的头发、围巾或包赞扬一番。

M女士的穿着总是亮眼迷人。她经常系着一条漂亮的围巾，使用能代表她独特个性的娇兰香水。在我与她熟络后，她就会躲在门后面慢慢地把门打开，我一边叫着她的名字，一边推门进去。这时，她会把头探出门外，对我说“嘿”！

我忍不住大笑起来。每当她玩这个游戏的时候，我都忍俊不禁。这真是我们做过的最淘气、最有趣的事情，你或许会认为我们只有十岁呢！

然而这仅仅是贯穿于课程中的调情的开始。上课时，M女士会拿来一些书，书里夹着漂亮的法国图片。她经常会提供一些美味的小吃，比如新鲜的草莓，我们可以蘸着细砂糖吃。冬天的时候，她会端来热茶，我们一起读茶包上的文字，然后翻译成法语，真的！我们在学法语！

夏天，M女士会为我们沏冰茶。她用自家的银制冰茶匙搅拌，茶匙柄是一根细细的吸管，尾端缀着一个小小的心（你瞧，连她家的银器都在调情！）。

M女士教我如何调整声音，以便我可以认清什么时候该说悄悄话，什么时候要保持沉默。她有时还会对我说一些暧昧的话，或是对我眨眨眼，这下你知道我为什么会拜倒在她的石榴裙下了吧。如果你详细了解我的课程，你会发现她采用了经典的“诱惑艺术”，遵循了以下这些老套的原则。

保持神秘。是的，躲在门后面只是个平常的小游戏，但更重要的是，M女士从不让我看到她家里神秘的私人房间，显然那里藏有很多书。

给人惊喜。就像她躲在门口突然探出头一样，瑜伽茶包上的文字也让人感到惊喜不已。

声音婉转。她的声音像是一种乐器，悦耳动听。

微笑嫣然。她的微笑有一种神奇的魔力。有时，她会忍住笑意，甚至假装严厉；有时，她又会用甜美的微笑“杀死”我。

风格独特。她总是打扮得美丽精致，穿着漂亮的裙子和毛衣，系着一条精美的围巾，涂着紫红色的口红，看起来十分优雅。

我坚信，这种保持神秘的仪式感正是法式调情的基石。试想，如果我们总是漫不经心，过于开放，着急地展示自己，倾吐我们的秘密，我们就没有办法体验从轻歌曼舞到亲密无间的过程了。如果我们一直都是亲密无间的，又怎样才会迫切产生想要深入了解对方的渴望呢？总之，渐渐勾起对方的兴趣才是我们所追求的，不是吗？

用泡芙调情

我走在老喜剧院街上，路过普罗可布咖啡馆，几周前我和卡罗尔·吉洛特曾在这里共进午餐。它是巴黎最古老的咖啡馆之一，每天都客满如潮，今天也是如此。我不得不快速穿过站在门外等候的一小群食客，他们正在边看菜单边用法语窃窃私语。我继续在街上漫步，在快到多芬大街的时候，我捕捉到了最吸引我的一幕。此刻，我站在闪电泡芙店门前，感觉有些茫然。这家店的店面装饰很现代化，完全不是想象中的巴黎法式甜品店的样子。墙面刷着亮黄色的漆，老实说，当我第一次看向店内时，我完全没想到这里会卖泡芙。真的，当我看到店内一个西装革履的帅气男人和一个年轻的女销售员谈话时，我以为这家店卖的是精美的手表。

我走近窗户，小心翼翼地窥探，泡芙整整齐齐地摆在玻璃柜里，像是一串串昂贵的珠宝。这个男人俯身指向其中一个泡芙，销售员一边拉出托盘，一边宣传泡芙是多么香甜可口。整个过程持续了好一会儿。每个泡芙都仿佛一件艺术品，精美的布置展示了它们独特的魅力。它们小巧又诱人，上面撒着让人垂涎欲滴的浆果和五颜六色的糖果。

我想这些泡芙一定很贵。而享受这些泡芙的重要环节就是走进甜品店，与店员交谈，了解泡芙的种类和挑选泡芙的过程。之后，你怎么能直接回家，或者直接在大街上打开精致的包装，狼吞虎咽地吃下去呢？你了解了这个泡芙的一切，包括它的历史和它独特的魅力所在！现在，你熟悉它与其他泡芙的细微差别，将它从所有香浓诱人、美味至极的泡芙中挑选出来。天哪，你仿佛在和这个精美的小甜点谈恋爱！

好吧，和我在一起

我认为，在巴黎买泡芙可以赋予我们一个了解巴黎式魅力真谛的机会，甚至我们可以通过这个机会进一步了解法式调情。

是的，这对男女在调情，不要问我怎么知道的，我就是知道，更何况，这里是巴黎啊！然而他们并不是在谈论任何个人事情，我必须说明，他们热烈谈论的只是关于泡芙的内容。两人在公共场合享受共处的时间，使气氛更加暧昧。另外，盛装打扮又使他们带有一种仪式感，男人穿着西装，年轻女人穿着闪电泡芙店的工作服。大大的柜台里装着美味的小泡芙，他们站在柜台的两边，但又相隔很近。其他顾客随时会走进来，一个带着相机和moleskine笔记本[1]的中年美国女人躲在商店橱

1 20世纪在欧洲艺术家和知识分子中流行的笔记本。——译者注

窗旁的角落里，不想被人发现。所以，你能体会到公共空间和私人空间那种美妙的交融感。尽管这个男人的时间有限，他不可能一直停留在甜品店里。但是，法国人挑选甜品的过程就是在享受时间。这是有道理的，因为这些独特的甜品堪称一件件艺术品。

不仅如此，这些泡芙还为这个英俊的男人提供了一个表现自己的机会。当天晚上，他一定会去参加一个晚餐派对，当他带着泡芙（是的，他买了一盒）去参加派对的时候，他就有机会讲述这个有趣的故事。啊，他不仅仅会讲故事，还会炫耀他新学到的关于泡芙的知识，他独特的见解会使到场的每个人都欣喜万分。

这就是法式调情。

蓝色沙龙

巴黎并不总是像我们今天所了解的那样是座文明城市。事实上，在17世纪早期，巴黎女性还不懂得欣赏自己的气质和魅力，大街上充满了危险。在这一时期，朗布依埃侯爵夫人创办了“蓝色沙龙”，巴黎（或者说世界）从此改变了。这个沙龙将沟通和调情的艺术发挥得淋漓尽致。与沙龙相关的回忆录中提到了王室成员、艺术家、作家和哲学家，他们用诙谐幽默的语言谈论一些重要话题，比如礼仪、诗歌、文学、舞蹈和游戏等。对女性来说，沙龙提供了一个可以展现自己和与他人调情的机会。在这种热烈的气氛中，女性的智慧和教育变得与时尚的服饰和魅力同等重要。虽然在17世纪，女性的公众权力很小，但是蓝色沙龙赋予了她们不少权力。事实上，你可以将蓝色沙龙称为一个有组织的魅力学校，在这里法国女性掌握了沟通的艺术，学会了如何打扮得典雅优美，如何变得机智优雅，以及如何聪明地调情。

它让法国演变出一种文化，在这种文化背景中，女性的智慧与她的美丽一样重要。它让你知道如何进入这样一个社会，在这个社会里，年长的、饱经世故的、知识渊博的女性更受崇拜与尊敬。

害羞的人如何调情

好吧，假设你很害羞，参加一个诙谐的法式风格的节目会让你如坐针毡。事实上，你甚至都不愿意和人谈论天气。然而，法国人对此有很好的解决办法——躲在扇子后面！时不时地冒出脑袋，眨眨眼睛，或者只是嫣然一笑，之后又躲到扇子后面。说真的，这么做其实很迷人！

我一直很喜欢老式的扇子。在我去纽约肯德胡克的一个图书馆听演讲之前，我从未听说过迪韦勒鲁瓦。这是一家著名的法国扇子制造商。阿比·蔡斯是一个扇子迷，她来到肯德胡克讲解扇子的发展历史。我对老式的风俗和饰物不甚了解。事实上，我收集女式手套、遮阳伞、复古手袋和扇子，但我的收藏并不多，和阿比·蔡斯相比，在数量和种类上都相差甚远。她展示了来自世界各地的扇子——20世纪20年代音乐厅的大型亮片扇，绘着乡村风光的英国丝绸扇，巨大的鸵鸟羽毛扇，中国的精美纸扇……图书馆的听众都为之兴奋。

后来，当我有机会和她交谈时，阿比向我介绍了这家法国著名的制扇工坊，以及它在巴黎的精品店最近重新开张的信息。因此，我决定下次来巴黎时，一定要去参观那家店。

巴黎第七区阿梅利街17号

现在我身处巴黎，正站在迪韦勒鲁瓦精品店的橱窗前，店铺的外墙是亮黄色的。我按下门铃，玛琳走出来迎接我。玛琳是个颇为年轻的女子，长着一头长长的、乌黑油亮的秀发，戴着一副看起来充满智慧的黑框眼镜，身穿黑色的紧身衣和性感短裙，脚踩一双黑色及踝靴。她微笑着欢迎我进门。

这家店看起来像个艺术馆，所有漂亮的扇子都挂在墙上或在橱窗里展示。店内有一张大海报，上面印着精品店两个女店主的照片——拉斐尔和埃洛伊丝。玛琳告诉我，埃洛伊丝在聚会上遇到拉斐尔，对她别具一格的扇子很感兴趣。她们都从事法国传统品牌研究，并接受过艺术、营销和品牌创建的培训。聚会上的第一次见面促成了她们的深入交流，她们发现迪韦勒鲁瓦这个品牌很有价值，就抓住机会，重建了这个始建于1827年的具有历史感的工坊。

玛琳一边向我展示她从档案抽屉里取出的扇子，一边向我解释工坊的重要性。

> 关于高级时装，我们对过去、历史以及法国奢侈品感兴趣。

玛琳拿起一把巨大的白色鸵鸟羽毛扇，拿在身前遮住脸。

> 对高级时装来说，一个品牌必须能够传达过去，因为时尚每天都在发生变化，新潮流总是不断出现，所以品牌的历史是很重要的。历史会告诉我们为什么这个品牌能够经久不衰，如果一个品牌一直存在，就必定有独特的理由。

我必须承认自己渴望拥有一把这样高级定制的扇子，它们真的太绚丽了，你可能只有在1923年的音乐厅舞台上才能看到它们。我向玛琳询问扇子的价钱，她告诉我一把大约需要2000欧元。好吧，我又在做梦了。我们走到了成品扇子区，它们真是太讨人喜爱了，既有趣又有些“暧昧”。其中一把印着大大的红色字母“OH BABY（噢，宝贝）”，另一把是著名歌手凯蒂·佩里曾在时装周用过的，上面写着“AIR-CONDITIONING（空调）”，还有一把甜美的巴黎风扇子，扇面印着一张照片，照片里有口红、埃菲尔铁塔和一只说着“KISS ME（吻我）”的猫！最后一把扇子印着一个巴黎女人的照片，她的手里拿着苹果手机，正举着自拍杆说“Je m'aime”[1]。这些扇子真是太有趣了，而且价格实惠，只需要32欧元。

1 意思是“我爱我自己”，类似我们照相时说的“茄子”。——译者注玛琳帮我挑选了一把带有蓝色小老虎图案的可爱成品扇子，当玛琳刷我的信用卡的时候，我还在想自己什么时候可以用上这把扇子。这里还有一把Je m'aime扇子，在我还没把蓝色小老虎扇放进绒布包之前，我就开始后悔为什么没有买下它了。

玛琳告诉我，法国人喜欢在夏天带着扇子出门，尤其是在地铁上。过去，法国很多地方没有空调，所以扇子是解暑最好的选择。当然，法国女人（以及很多男人）至少拥有一把可以带去派对、化装舞会、剧院、音乐会或任何一种盛会的精美扇子。

之后，玛琳向我展示了档案中最让人心潮澎湃的小册子。那是迪韦勒鲁瓦的历史吗？这是21世纪初的重印版本，里面介绍了各种扇语，并配有插图。显然，在过去，一个女人仅仅是轻轻地摇动扇子，就可以向男人传递各种信息。她可以告诉一个男人她现在很忙或是已经订婚了，也可以鼓励他追随自己，甚至可以问他是否对自己倾心，而这一切只需要轻轻地摇动扇子。

手机、太阳镜、拿铁和猫

后来，我和朋友米米见面，告诉她我下午在迪韦勒鲁瓦精品店的经历。我询问她对19世纪早期小册子以及扇语的看法，她给了我一个会心的微笑，说："是的，过去人们经常通过扇子传递信息，因为当时他们不能发短信交流！"

这件事也引发了我的思考：如果现在我们可以用扇子传递信息，那会发生什么呢？我想起安娜·温图尔的太阳镜和大杯拿铁。她是真的想喝拿铁，还是只是把它当作一种盾牌，就像她想表达的那样——不要靠近我，否则你会被这一大杯拿铁烫伤。还有太阳镜，这肯定是她用来与他人保持距离的。

香奈儿的创意总监卡尔·拉格菲尔德也是如此。他总是戴着太阳镜，也曾带着一把扇子。后来他减重不少，就不再带扇子了。他养了一只名叫舒佩特的白色波斯猫，这只猫还有自己的推特账号，关注者超过50000人。它把卡尔当作自己的父亲，而可可·香奈尔则是它的祖母。

但这不是我的重点。我的重点是安娜·温图尔和卡尔·拉格菲尔德是害羞者中的调情天才。他们可能不会带一把扇子，但是会用他们的道具——太阳镜、拿铁和猫来获得让人惊叹的效果。

如果你是一个害羞的人，并且不打算加入一场热火朝天的交谈，就学习一下日常物品能表达的信息吧。当你拉低太阳镜并眨眼时，你是在传递某种信号；当你拿起杯子放到嘴边，眼睛里流露出笑意时，你是在调情；当你取下帽子时，你是在告诉别人自己浑身轻松，仿佛回到家里；当你慢慢地摘下手套或围巾时，你是在引诱别人。瞧，你甚至不需要说话，就能成为调情高手。

你甚至不需要说话，就能成为调情高手。

巴黎魅力课堂

这就是调情在法国独具魅力的原因。日常生活的优雅与高贵——漂亮的衣服，讲究的礼仪，公共空间和私人空间的分离——使得产生靠近一个女人，向她吹口哨并说出不敬的话的想法是完全错误的。

如果你生活在一个有尊严感的世界，那么你周围的男人会从你那里得到一些讯息，因此他们举止得当。当然，总有些人的行为不那么得体，当然你也不想和这样的人有什么关系吧。如果你身边的男人不太懂得调情，那么他们可以学习，因为你会言传身教。

重新定义生活中的调情吧，将它作为一种放慢生活脚步和拒绝一夜情的方式。调情不是路障，而是一条魅力无穷的蜿蜒小路。一个男人会对女人感兴趣，但他又不能确定这个女人是否友好、温柔或是对其他的事情感兴趣。

在不会发生任何意外的情况下，与年长一点儿的人练习调情吧。尝试一下非常微妙的调情，并记下你所得到的回应，这是一种获得调情信心的好办法。

学会只用眼睛调情。然后，考虑如何使自己的面部表情更具魅力。

想一想你的家族历史，你的祖父和祖母是怎样调情的？问问你的父母是如何邂逅和表达爱意的。浏览一下家族旧相册，寻找自己的调情风格；花点儿时间做白日梦，回想你对成年人调情的最早记忆。你的突出亮点是什么？你能将什么带入浪漫的生活？最后，带着好奇心和豁达的态度，重温这些充满记忆和想象的片段。

课堂小提示

这周，用一种崭新的眼光来看待日常的偶遇吧。例如，去邮局买邮票，努力与人进行简单友好的交谈。

练习、打磨并最终形成属于你自己的独特调情艺术。

你所做的一切都会让周围的世界为你着迷。

学习用配饰来激起一个男人对你的想象力。慢慢地摘下你的围巾和手套，略带心机地摘下或戴上太阳镜。

看看日常的事物，比如咖啡杯、手机或一只小狗，学会了这些新的秘密知识，你所做的一切都会让周围的世界为你着迷。

8

声音课堂

你的声音就是你的魔笛，

好好认识它，珍惜它，完善它。

我再次找回了自己的声音，

以及使用它的艺术。

——柯莱特

法国女人是个永恒的谜，许多文章和书籍都是关于她们是如何让我们无限着迷的。你或许认为她们的秘密武器就是表面上的慵懒、散漫，比如脖子上系着爱马仕围巾，再打上一个迷人的结；或许想象她们的魅力来自高跟鞋发出的令人着迷的“噔噔”声；或许发现魅力源自她们在红酒、食物、时尚、诱惑以及电影和文学方面拥有的渊博知识。

当你设法接近她们散发魅力的源头时，却又错失了打开魅力之门的钥匙。法国女人保持魅力的真正诀窍是显而易见的，但又至关重要。

那就是声音的音色。

她们的声音有种让人神魂颠倒、如痴如醉的魔力。

我一直觉得法国人的声音具有某种魔力。而当我遇见“私家巴黎”礼宾服务的创始人妮可，我才真正地体会到了声音的力量。

在巴黎，一个星期二的晚上，妮可发信息约我在蒙马特的阿贝斯地铁站见面。她说如果我想做锻炼，可以选择爬地铁站的楼梯。

作为一个勤劳的美国人，我总是对同时进行多项工作充满兴趣。我想这太好了，我一定会选择走楼梯的。

当我到达地铁站时，两个选择摆在了我面前——搭乘电梯或是走楼梯。不管你信不信，电梯里面挤满了法国人，他们看起来似乎对我有些不满。但是……选择走楼梯的人正在大声欢笑！

而我当然是选择走楼梯。我踏上长长的环形楼梯，一圈一圈地环绕向上。我真是太开心了，因为我不仅身体获得了锻炼，还收获了意外的惊喜。楼梯的墙面上绘着精美的壁画。我看见一幅壁画中有几十个身穿红、白、蓝三色制服的士兵，他们头戴亮红色的弗里吉亚无边便帽（又名自由之帽，是法国大革命的象征），面带微笑地敲鼓。

在楼梯的拐角处，我遇见一对男女，他们牵着手，笑声低沉而性感。我试图跟上他们，立刻继续爬楼梯，但他们还是在我的视线中消失了。最终，我不得不放慢速度喘口气。这时，我看见一幅醒目的大型抽象画，描绘的是巴黎红磨坊的景象。我又继续一圈一圈地向上走，不断地转弯。这次我遇到了一幅蓝色星空壁画，上面还有翩翩起舞的飞马。就像是一场梦，我再次深呼了一口气，转身继续向上走，然后发现自己站在描绘蒙马特的壁画前俯瞰整个巴黎，埃菲尔铁塔矗立在远方，好像在对我说“我来自遥远的第七区”。我现在的确身处第十八区，也是圣心教堂所在地。我的心为蒙马特的魔力深深折服，我走近壁画仔细端详，看到一朵朵水彩花，颜色像是浓郁的黄奶油。

是的，我已经被迷得神魂颠倒了，当我走完最后一级台阶看见妮可的时候，我已经完全臣服于蒙马特的魅力。

她的音色

当我的新朋友妮可问候我的时候，我首先注意到的就是她的声音。我几乎无法集中精力去听她对我说了什么——或许是关于下雨天。她那美妙的声音让我分了神，我只能随声附和。她的声音不带一丝喘息，有一种宁静的特质，像是不想引起骚动或吸引周围人的目光。是的，就是这样。她的嗓音中夹杂着一丝神秘感，让我立刻觉得自己想要学习所有的法国秘密。好吧，或许不是所有，但肯定是绝大多数秘密。

妮可是个地道的巴黎人。她曾在香奈儿高级时装、迪奥香水和化妆品公司工作，也曾在法国百年老品牌——小帆船公司任职，这是一家专注生产著名的布列塔尼条纹衬衫的公司，这种条纹又被称作“水手条纹”。妮可涂着红色的口红，皮夹克下面穿着布列塔尼条纹衬衫（我想这来自小帆船），头戴一顶男孩子气的帽子，看起来像个假小子，你可以在《悲惨世界》里的小男孩头上看见同样的帽子。妮可告诉我，Titi Parisienne的意思就是“典型的巴黎人”。这种帽子是典型的20世纪工人帽，被认为象征着自由和反抗，她的父亲和祖父都曾戴过这款经典帽子。

妮可想带我去一个非常特殊的地方，她认为我一定会喜欢。我点头同意，然后跟着她爬上陡峭的山坡，小心翼翼地避免自己在雨后的鹅卵石路面滑倒。她说：“我想向你展示我的秘密巴黎。”

特别酒店

妮可和我拐到一条大街上，朝着看起来像是私人住宅的大门方向走去。她走近一扇巨大的精致铁门，找到了一个小盒子并输入密码。这扇门像施了魔法一样开启了，我跟在她身后走进去，穿过一个郁郁葱葱的花园。花园里草木葱翠，百花争艳，在雨水冲刷过后看起来更加生机勃勃。我们来到鹅卵石小路的尽头，妮可抬手指向夜空："看！"穿过树枝间隙，在远处连绵起伏的山峦之下，越过蒙马特千家万户的屋顶，那是巴黎的灯塔——埃菲尔铁塔，它闪着金黄色的灯光，照亮了巴黎的夜晚。"这真是太漂亮了，不是吗？"妮可问我，"你一定想拍一张照片。"她像是看穿了我的心思。我们都拍了照片，这是一个珍贵的纪念品，是一个巴黎人在给一个美国作家分享属于她自己的巴黎。

之后，我们沿着花园小径走下去，穿过摆有白色精美铁质咖啡桌椅的阳台，来到了一座带有白色百叶窗的庄园前。这里就是特别酒店，它曾是一个法国富豪的私人住宅，现在被改造成了酒店。我们走上台阶，打开门。说实话，我仍然感觉自己像是进入了一所非常时尚的私人住宅——里面摆满了鲜花和蜡烛，烛光摇曳，还有一名法国女民谣歌手正在唱着悠扬婉转的情歌。妮可对身穿黑色连衣裙的女招待小声说了几句话，女招待就示意我们跟着她。我们穿过各种不同的房间，里面的法国人正在吃饭饮酒，有的在放声大笑，有的在窃窃私语，有的甚至躲在安静的角落里接吻。穿过一间雅致的酒吧，我们进入了一个烛光闪烁的房间，里面摆着巨大的蕨类植物和刷着黑色油漆的桌子。我们面对面坐在红色的天鹅绒椅子上，妮可隔着桌子朝我微笑，问我是否喜欢这里。

我点点头，我真是太喜欢这里了！

妮可解释说我们只在特别酒店喝一点儿餐前酒——就是一杯红酒，然后她会带我去玛斯科特小酒馆吃晚餐。

“我知道巴黎所有的秘密地点，”妮可低声说道，“不是那些热门的旅游景点，而是那些特别的、能够展现这座城市原汁原味的地方。”她的公司专门为游客定制旅游路线，提供贵宾服务和活动。她为客人们打造巴黎旅游路线，向他们展示只有当地人才了解的真实巴黎。“在巴黎，”她解释说，“你需要一个密码。”之后，她垂下眼眸，补充道：“我就有密码。”

我喜欢妮可说话的方式，她会翘起红唇，面带微笑。不过，她的声音才是最让人放松戒备的魅力撒手锏。这时，我注意到周围的法国人都在热情地交谈，但我却听不清楚他们在说什么。这就是法国人控制声音的关键之处。他们从不大喊大叫，而是压低声音，这样聊天内容就会变得更加吸引人。

我想象着那些情侣正在做着一些不可告人的风流韵事，窃窃私语吐露着各自的秘密。或许他们并没有这样做，但我仍然相信就是这种充满神秘感的音质让法国人的声音更加性感。

牡蛎、香槟和来自大海的礼物

之后，妮可带我沿着另一条鹅卵石路下山，来到了阿贝斯街。我意识到这条街就是伍迪·艾伦执导的电影《午夜巴黎》中的那条街，但我并没有提及，因为当妮可带我进入玛斯科特小酒馆的时候，我真是太开心了。我环视牡蛎、扇贝、大虾等各种海鲜，它们像一件件精美的艺术品一样被摆放在碎冰块上。妮可告诉我玛斯科特小酒馆始建于1889年，因海鲜闻名于世。现在，我们要在这里共进晚餐。

我们用高脚香槟杯相互祝酒，不久牡蛎也端上来了。之后，酒馆主人坎皮恩先生也来到我们桌前。他真是一个绅士——身穿蓝色西装，打着鲑鱼色领带。他与妮可互吻脸颊，之后握住我的手，满怀热情与魅力地问候我。

午夜巴黎

妮可曾去过很多次纽约和科德角，她非常喜欢和美国朋友们待在格林尼治镇历史悠久的帕特辛街。

不知怎么回事，我们成了玛斯科特小酒馆的最后两个顾客。夜晚即将过去，天色渐明，我和妮可准备离开。这时，坎皮恩先生来到我们桌前，和妮可说了几句话。他们用法语轻声交谈，在我知道发生了什么之前，坎皮恩先生送给我一份礼物——三罐沙丁鱼罐头。

每个罐子的包装上都印着一个法国女人。

我最喜欢的是印着红发美人鱼的罐子，她穿着一件由闪闪发光的鱼鳞制成的蓝色裙子。

妮可告诉我这些沙丁鱼罐头来自圣吉尔－克鲁瓦德维的众神之珠[1]，特别且美味，它们已经存放了好些时

1 法国著名的沙丁鱼罐头品牌。——编者注

日。就像红酒一样，这些沙丁鱼罐头的存放时间越长，就越美味。能够存放十年的是最好的，实际上，这三个罐头都已经获得了久负盛名的年份奖。

我再也不会想当然地认为沙丁鱼很普通啦！

你的声音是一种乐器

或许你没有标准的法语腔，也不会像我魅力非凡的朋友妮可那样讲话。尽管如此，你仍然拥有自己的声音，为什么不把它当作诱惑他人的撒手锏呢？

保持沉默也同等重要，想一想聆听的力量。事实上，如果你能少说一些话，那么当你讲话的时候，你就更可能吸引男性的目光。多加揣摩自己的措辞，想象一下自己的语言所描绘的场景。不妨试试看，通过调整音调和音量，用几近低语的方式勾勒一个梦幻而美丽的画面。谈谈大自然——天空、白云、花朵和流水，聊聊美味的餐点——柠檬、迷迭香、薄荷和龙蒿的味道。说说抚摩丝绸的感觉，以及去年夏天海边夹杂着海盐的空气拂在身上的感觉。发现了吗？这样真的有效！当你用言语描绘景象的时候，你就能真正地激发男人的想象力。你可以唤起人们的想象，把他们带入你所描绘的梦境。

永远不要忘记你的声音富有强大力量。

永远不要忘记你的声音富有强大力量，好好利用它，珍惜它，因为它是你的魔笛。

仅仅知道这一点，就足以为你的生活带来些改变。

巴黎魅力课堂

下次你再看带有字幕的法国电影时，可以试着闭上眼睛，花几分钟认真聆听法国人的声音。他们的声音太性感了，即使电影里的人物只是在谈论或争辩琐碎的小事，比如他们已经在咖啡馆等了很长时间，而朋友玛丽·克莱尔还是像往常一样迟到了。他们的声音太有诱惑力了，你或许会说都是些shhhhing或oooooohing的声音。这其实是法语的一部分，它们是那些柔和的辅音和饱满的元音。

软化你的声音，进而软化你的内心。

虽然这句话并不完全正确，但你会注意到，当你真正聆听法国人，尤其是法国女人说话时，你可以听见她们会把自己的声音当作美妙的乐器，讲话时而急促，时而缓慢，充满劝诱与挑逗的意味，她们发出的卷舌音总是充满了神秘感。

看看奥黛丽·塔图主演的经典电影《天使爱美丽》吧。在电影里，有一个艾米莉帮助双目失明的人穿过拥挤的马路的场景。艾米莉挽着他的胳膊，在人潮中穿行，电影镜头也一直聚焦在他们周围的画面——面带微笑的花店主人、摆着棒棒糖的面包店、奶酪店、糖果冰激凌，还有一个站在农产品店门前分发免费哈密瓜片的男人。在所有这些令人眼花缭乱的电影画面中，艾米莉快速地说着法语，描绘着巴黎的绚丽景象。她的声音就像是一种美妙的乐器，轻柔诱人又充满磁性，让她所描绘的一切听起来都像是个美丽的秘密。

是的，电影对白听起来悦耳，一部分是法语本身的原因。但艾米莉（或奥黛丽·塔图）的声音如此好听，是因为她的选词和她描述的方式。她为我们创造了丰富的感官体验，让繁忙的巴黎午后的所有场景、声音和气味都充满了生活乐趣。

当然，艾米莉的话也透露着些许微妙。她从不提高自己的音量，因此她总是像在与男性分享秘密。这个场景真是太迷人了，你一定会被她吸引，就像街上的男性都拜倒在她的石榴裙下一样。

美国人的大嗓门是出了名的。我们总是在放声大笑，大声地问候彼此。不管是在拥挤的地铁上还是安静的餐厅里，我们都希望自己被他人听见。事实上，这种方式不会给人留下任何想象的空间。其实，我们并不需要那么大声，而且这样的声音并不性感。就像法国香水巨头科蒂的一则旧广告说的那样：如果你想引人注意，那就说悄悄话吧。

课堂小提示

首先，录制你的声音并认真聆听。问问自己能不能润色声调，让自己的讲话方式更加温柔诱人。

接下来，思考自己的遣词造句是否优美？它能不能描绘出一幅令人愉悦的画面？能不能在对话中唤起对方的想象力？如果你说了很多不堪入耳的话，不妨考虑缓和自己的语气。微妙含蓄远比暴力更具威慑力。

最后，像法国女人一样，把声音当作自己回赠世界的礼物。我们停止大声讲话，就相当于鼓励他人侧耳倾听。选择词语也至关重要，因为我们要用语言来描绘场景。认识声音的力量，用你的声音让身边充满欢乐。你不知道有谁可能在听你讲话，或许爱情就藏在某个角落，而你的声音将会成为留给对方的第一印象。

9

食物与爱情：法式晚宴

人人都爱欢宴：

了解为什么排队等候取餐对爱情有好处。

一件新裙子不会带你前往你想去的地方，

重要的是，穿着裙子的你选择过什么样的生活。

——戴安娜 · 弗里兰

或许你已经听说过玛德琳（也叫贝壳蛋糕）——一种放在贝壳模具里烘烤的柠檬口味黄油蛋糕。这种甜点外表呈棕黄色，酥脆可口，里面又似海绵般松软，拥有黄油一样细腻的口感。玛德琳已经被引入美国，玛莎 · 斯图尔特就掌握了绝妙的制作技巧，她会在其中加入榛子。现在，你在星巴克就可以吃到玛德琳。

在法国，玛德琳实际上被人们当作一种茶点。你或许知道，玛德琳曾在普鲁斯特的经典著作《追忆似水年华》的第一卷里出现过。你或许还能回想起部分故事细节：当主人公把泡在姨妈家黄绿色花茶中的玛德琳放入口中品尝时，他的童年记忆瞬间涌上心头。

但是，你或许并不知道——在这个场景中，主人公泡入花茶中的并不是玛德琳，而是一种普通的饼干。没错，就是那种平民阶层常吃的烤面包——普普通通，毫不浪漫，也没有以一个名叫玛德琳的神秘法国女人命名。我不确定作为一块普通烤面包的“普鲁斯特记忆”会不会成为心理学家的研究对象，会不会被《科学美国人》所收录，从而最终进入流行文化。

这就是饼干的力量。好吧，是茶点的力量。

所以，任何一本探讨如何捕获男人心这一主题的书籍，如果不提及共进晚餐，共享一份甜点、一杯香槟、一个吻（又或者两至三个）等内容，就称不上是一本完整的书。

现在正值十月中旬，我穿着最爱的波点裙，搭配我在图卢兹买的深蓝色外套。尽管十月的巴黎已经转凉，但我还是在阳台外面遇见了三四十个男女，他们正饮酒作乐，嬉笑调情。这些人来自世界各地，他们中的多数人在此之前并不相识。现在，他们聚集在吉姆 · 海恩斯位于巴黎第十四区的公寓外。

这次宴会由吉姆·海恩斯举办，邀请了全球各地的人参加。吉姆·海恩斯出生于1933年，是一位来自美国路易斯安那州的作家。

这是我第一次参加这么有名的晚宴。之前，我收到了一封邮件，上面有明确的指示：搭乘地铁到达阿莱西亚，从托比伊苏里街走出来，向前步行“正好三十九步”。走到公寓门前，输入密码，推开门，沿着铺满鹅卵石的小路穿过花园。这个地方真是太让人惊奇了。站在大街上，从外面看，你感觉一切都很现代化——而一旦进入室内，就好像身处风景迷人的乡村，里面有小型的砖瓦建筑和小花园。

吉姆要接待五六十个主动请求参加宴会的人。想参加的人必须先发邮件预定，等一切信息确认后，吉姆会发给你宴会指南和密码。所做的一切都是值得的，因为吉姆·海恩斯的宴会也是巴黎历史的一部分。在过去的30多年里，很多名人曾推开他家的大门，其中包括杰梅恩·格里尔、艾伦·金斯伯格、小野洋子和克洛·塞维尼。这栋公寓位于18号修拉别墅所在的街上。1934年，亨利·米勒曾在那里生活并创作了小说《北回归线》。当时他接受了阿娜伊斯·宁和她丈夫的资助，他们帮米勒付了租金，并出资出版了《北回归线》。

我给自己倒了一杯红葡萄酒，向几名客人问好，然后上楼寻找吉姆。我一眼就看到了他。他躺在门边的睡椅上，一边问候到场的客人，一边休息，毕竟他这时已经93岁了，还刚从伦敦旅行回来。尽管如此，吉姆看起来还是充满了活力。他顶着一头有些乱蓬蓬的灰白头发，留着大胡子，身穿高领毛衣，散发出强烈的“垮掉的一代”的气息。的确，他受到了“垮掉的一代”影响，这一点你可以从他书架上收藏的大量文学作品中看出来。他最新出版的书是《世界公民在巴黎家中》。

吉姆十分热情友好地接待了我，就好像我们已经相识了几十年。他建议我排队等待晚餐——一顿家常便饭，厨师是一个来自巴塞罗那的志愿者，他站在长长的自助餐桌后面，不断从大锅里面取出炖好的食物。我站在队伍尽头，四周围绕着友好的食客。我们每人都分了一勺炖好的食物，接下来是库斯库斯[1]，还有沙拉和奶酪，最后是蛋糕和咖啡。所有食物都装在瓷器里，配着不锈钢餐具。这次宴会没有纸质或塑料餐具。

我取好食物走进房间，立刻加入了一场热烈的国际交谈。我认识了三个绅士——一个来自澳大利亚，一个来自爱尔兰，还有一个来自法国。我们和我的巴黎朋友

1 即烤蔬菜香草小米饭，是北非传统菜肴。——译者注

伊迪丝坐在一起，立刻就男人、女人以及浪漫的未来等话题聊得热火朝天。我认为这并不是因为自己碰巧正在写这些东西，而是食物、红酒、年轻人和年长者、本地人和外国人的快乐融合将我们召集在一起。这是个悠闲随意、稍显喧嚣的夜晚，也是一个轻松愉悦、充满无限可能的夜晚。

为什么排队等候取餐对爱情有好处

想想我们所有人都站在那里排队等待各自的食物的时候，很显然，与来巴黎游览的巴塞罗那厨师聊天是调情体验中非常重要的一部分。你或许会认为这种排队等候的方法多多少少有些效率低下，但我却相信这实际上是吉姆成功举办晚宴的最重要因素之一，因为它会放慢排队速度。没错，这样会放慢排队速度！当你在等待的时候，你必须和别人聊天。这样一来，你就有机会讲述自己是如何喜爱粗麦粉或是你只想吃一片面包了。最后，所有的餐具都被送去清洗了。我可以告诉你一个非常非常令人愉快的信息，那就是来自巴塞罗那的厨师可能刚刚找到了他将共度余生——至少是未来三周的女人！

一场移动的盛宴

关于法国的晚餐派对有这么一个荒谬的说法：有人说法国的晚餐派对十分古板、正式，充满了政治和文化的阴谋。如果你说的话听起来不那么睿智，也不懂得说一些妙语，那么你就会被送上“断头台”！

事实上，大多数法国派对都非常随意，有些甚至不在室内举行。

我的朋友弗雷迪和皮埃尔参加了 BiBaCa 活动。BiBaCa 是 Biclou BAguette & CAmembert（自行车、法棍面包和卡门贝尔奶酪）的简称，是一年一度骑自行车穿越巴黎郊外鲁昂古城的活动。这个复古骑行的想法起源于巴黎，在那里，人们举办名为“贝雷帽和法棍面包”的复古骑行活动。弗雷迪的朋友蒂埃里也想为他在诺曼底的朋友们举办类似的活动（这就是当地的特产卡门贝尔奶酪会被添加到活动名称中的原因）。这场盛会于每年九月举行，参与者都是复古打扮，他们戴着工人帽、草帽或贝雷帽，穿着布列塔尼衬衫，脖子上系着红围巾。男人们一般穿着吊带裤，而女人们更喜欢带波点图案的衣服。当然，在自行车之旅的最后，还有音乐、舞蹈和聚餐。

这天，大约有30个男女约在市中心见面，之后一起骑车前往乡村，在鲁昂塞纳河畔的农田享受野餐。每个人都带上食物与大家分享。有葡萄酒、苏打水、法棍面包、卡门贝尔奶酪以及其他地区的特色奶酪，如格鲁耶尔奶酪、山羊奶酪、洛克福尔奶酪；有熟食，如风干的香肠、纽奥良香肠、火腿、猪肉冻等，还有法国红酒和苹果酒（以及所有传统的诺曼底食物）。当然，大家还准备了水果和甜点，有人带上了手风琴和吉他，所以庆祝活动还包括唱歌。这个活动原本是为了庆祝1936年法国工人获得了两周带薪休假的权利。现在，它是法国人感谢为了赢得今天他们所能享受的自由而奋力拼搏的祖辈的一种方式。

我想不出比这更欢乐的庆祝自由的方式了。这是食物、乐趣、自然、锻炼、新鲜空气、聊天和音乐的完美结合，也是真正的浪漫秘诀。

家中的浪漫

当我问朋友瓦莱丽如何在家里制作一顿魅力十足的晚餐时，她告诉我所有的一切都应该是浪漫的，包括餐桌摆设。她建议我使用白色的桌布，餐具要巧妙地和裙子相配，脸上的妆容和指甲油也应该与餐具色调一致。当然，你需要按照季节变化，准备一些花，甚至是树枝或树叶来搭配餐桌的摆设。以下是她给我的建议：

> 要想拥有一个浪漫的夜晚，但又不想让自己焦头烂额，重要的是事先准备好所有东西，因为你不能在厨房里花费太多时间。
>
> 先打开一瓶香槟，之后上一些开胃菜，比如鹅肝烤吐司，肉酱也是一个不错的选择。如果你想保持口味清淡，就吃一些橄榄或樱桃小番茄。晚餐应该尽量清淡一些，因为如果食物过于油腻，那么在上甜点前，你或许就已经昏昏欲睡了。当然，鱼一直是个不错的选择。另外，一定要注意别放过多调味料。

顺便说句题外话，我喜欢之前在法国吃的沙拉。他们会把山羊奶酪切成心形，放在绿色的沙拉上，最后在奶酪上加一些无花果香料，这真是太美味了！如果你找不到无花果香料，可以放一些新鲜的无花果或是上好的无花果酱，也可以用树莓果酱代替。

你们可以用一杯意式浓缩咖啡或是一盘提前切好的苹果来搭配甜点，在苹果上加一小勺蜂蜜和雅文邑白兰地是个不错的选择。噢，你或许也可以喝一小杯雅文邑白兰地。

厨房必需品

当然，如果你不住在法国，有些东西是不容易吃到的，所以你需要学会自己准备食材做晚餐。其中的关键是家里要常备一些食材，并尽可能地简化菜单。当我询问法国朋友们会在碗柜和冰箱里放些什么东西时，他们给出了一些非常棒的建议，我将他们提到的东西罗列在此。

香槟
沙丁鱼罐头
橄榄油
意大利香醋或葡萄酒醋
洋葱
大蒜
红葱
肉酱

鸡蛋
意大利面
黄油
橄榄
帕尔马奶酪和你喜欢的其他奶酪
好喝的咖啡
牛奶
鲜奶油

原味酸奶

黑巧克力（实际上我问过的每个法国人都说他们“不能没有巧克力”）

干白葡萄酒

甜白葡萄酒

红葡萄酒（波尔多和勃艮第）

面包

放在桌上的一盘水果

调料、发酵粉、香草（特别是百里香和月桂叶）

花草茶

矿泉水

柠檬

鲜花（不是食物，但对获取生活乐趣至关重要）

会做饭的法国男人

皮埃尔与弗雷迪结婚后进行了为期一年的环球旅行。在家里，皮埃尔做的事情更多，因为他发自内心热爱烹饪。他来自法国西南部，那里是法国美食地图的中央地带。他小时候总是饿肚子，于是他跟母亲学会了烹饪。他对美食的热情也来源于此，对他而言，烹饪就是一种冥想。他去过很多国家旅行，他的烹饪对象已经超越了传统的法国食材。做饭时，他喜欢在食物中加入香料，比如新鲜的姜和香菜、小茴香、葫芦巴、咖喱、漆树、小豆蔻、姜黄和肉豆蔻。

皮埃尔十分友好，还送给我炖牛肉的食谱，他认为这是晚餐派对的完美之选，因为你可以提前一天做好。

这样在派对当天，你就可以和朋友在一起享受时光，而不是待在厨房里做饭。炖牛肉可以为人们带来极大的欢乐，尤其是在外面寒风凛冽，每个人都想进屋取暖的冬日。皮埃尔认为炖牛肉是一种神奇的食物，因为重复加热的次数越多，它的味道就越鲜美，而且它可以放在冰箱里存储至少四到五天的时间。炖牛肉要和土豆搭配着吃，即法国人所说的robe des champs，它的字面含义是“村野长袍”，指炖牛肉里要添加的带皮小土豆。

炖牛肉还应该配上好的波尔多或勃艮第葡萄酒。

皮埃尔·迪贝尔内的炖牛肉食谱

（牛肉布吉尼翁）

食材:

2千克切成大块的牛颈肉或牛脸肉

6汤匙橄榄油

50克面粉

2个番茄

4瓣大蒜

1茶匙番茄酱

1包香料包(混合的香草)

盐和胡椒

3杯浓郁的卡奥尔型红酒

磨碎的肉豆蔻(可选)

300克小洋葱

30克黄油

1茶匙细砂糖

2汤匙水

200克熏培根

1束扁叶欧芹

意大利面或玉米粥(可选)

步骤:

1. 将番茄洗净晾干后切成片，大蒜剥皮切碎。

2. 在大炖锅里加热4汤匙橄榄油，将牛肉块煎至全部变色。调小火，撒上面粉，和牛肉混合，使牛肉全部裹上面粉。

3. 加入番茄、大蒜、番茄酱、香料包、几粒胡椒和少许盐，倒入红酒混合煮沸。撇去表面浮沫，盖上锅盖，用低温文火炖4小时。之后加入少许磨碎的肉豆蔻。

4. 小洋葱剥皮后放入炖锅，加入黄油、细砂糖和2汤匙水。盖上锅盖，用文火煨炖，直到小洋葱软嫩，变成焦糖色。

5. 同时，将熏培根切成大片，放入煎锅，用剩余的橄榄油翻炒。在烹饪结束前15分钟将熏培根和小洋葱一起放入砂锅中。撒上切碎的扁叶欧芹，配上意大利面或玉米粥。

法国女孩和美国大兵

我的朋友亚历山德拉的母亲皮尔丽特近日去世了，享年89岁，她是一个出色的法国厨师。亚历山德拉向我讲述了她母亲来美国的故事。

我的母亲1927年出生于阿尔及利亚北部，我的外祖父拥有一家名为加迪斯的咖啡馆，她在那里当服务生。17岁时，她遇到了我的父亲约翰。那时刚好是二战时期，约翰是一名美国士兵，驻扎在母亲家所在的小镇，他经常光顾咖啡馆。

父亲和母亲很快便坠入爱河，父亲曾多次向母亲求婚，但母亲都拒绝了。后来，在一个圣诞夜，约翰来到咖啡馆，给所有人都带了礼物，包括店内的清洁工，但我的母亲没有回赠他礼物。后来，随着他们关系的进展，我的母亲决定将自己嫁给他作为礼物！

母亲作为战后新娘来到美国，她一点儿英语都不会讲，通过在收音机上听美国肥皂剧来学习英语。她还养育了六个孩子。我很幸运，在我的童年时期，我和他们一起在海外生活了十几年，直到他们退休。母亲喜欢做饭款待客人，还喜欢用碎布做衣服，因为他们没有钱买更好的东西。她十分喜欢装饰房间，在她生命的最后几年，由于听力退化，脸谱网成了她的世界中心，这样她就可以和每个人保持联系，和家人朋友通信。

我记得母亲过去常说“帽子还是头发”这

句话，意思是“你不能同时拥有精美的帽子和蓬松的头发，两者你只能选一个”。她对大多数衣服和套装也持有类似的观点——凡事都不要过度。直到她弥留之际，她最爱的歌曲还是葛罗莉亚·盖罗的那首《我会活下去》。她总是对我们说：“没有什么事情是大蒜和香菜不能解决的。”

没有什么事情是大蒜和香菜不能解决的。

西班牙海鲜饭是她经常在家做的拿手菜，几年前，她为六个孩子每人买了一口做海鲜饭的锅。

母亲做的一切食物都是那么美味可口，她总是说：“这是用爱做的。”

这便是亚历山德拉母亲的海鲜饭菜谱，同她的爱，一起赠予你。

食材：

1 杯切碎的新鲜欧芹

1/4 杯新鲜柠檬汁

1 汤匙橄榄油

2 瓣捣碎的大蒜

海鲜饭：

1杯水

1茶匙藏红花丝

2杯鸡汤

8只未剥壳的大虾

橄榄油（根据需要）

4只处理好的鸡腿，切成两半

4根西班牙辣香肠

2杯切碎的洋葱

1杯切碎的红甜椒

1罐番茄罐头，留汁

1茶匙甜辣椒粉

3瓣捣碎的大蒜

3杯生黄米、意大利米或其他短粒米

1杯冷冻豌豆

8只处理过的贻贝

1/4杯新鲜柠檬汁

柠檬片

步骤：

将前四种食材混合好待用。

制作海鲜饭，需要将水、藏红花丝和鸡汤放入大炖锅中，用低温文火炖煨（不煮沸）。将大虾剥壳、去虾线，保留虾尾待用。

开中高火，在西班牙海鲜饭锅或大煎锅中加热1汤匙橄榄油，放入鸡肉，两面各煎2分钟，出锅。放入香肠，翻炒

2分钟出锅。放入大虾，翻炒2分钟，出锅。调成中低火，放入洋葱和红甜椒，嫩炒15分钟，其间偶尔翻炒一下。加入番茄罐头、甜辣椒粉和大蒜，炒5分钟。放入大米，煮1分钟，其间不断搅拌。加入最开始混合好的食材、鸡汤、鸡腿肉、香肠和豌豆，小火煮10分钟并频繁搅拌。将贻贝放入锅中，与米饭混合煮5分钟，直到贻贝打开。将大虾头朝下放入米饭中煮熟。浇上1/4杯新鲜柠檬汁，取出海鲜饭并用毛巾盖上，放置10分钟。如有需要，可以放入柠檬片。

学会烹饪一道美味佳肴，让它成为你的拿手菜。

菲奥娜的生日蛋糕

每个法国人似乎都知道并且喜欢这个非常简单的蛋糕食谱，很多书里面都会提及它。我在我的第二本书《法国女人的快乐学》中也提到了一个朋友的制作方法：

她在蛋糕里加入了松脆的柠檬糖霜。前不久，我和凯特待在萨克拉时，我们最爱吃的就是这种蛋糕。凯特在她女儿的生日当天做了这款蛋糕，并在蛋糕上面涂了树莓果酱，还点缀了几朵可食用的小花在上面。这种蛋糕真的太诱人了！她给了我一份法语菜谱，解释说法国人将其称为“罐式酸奶蛋糕”，因为你可以用这些小的酸奶罐称量大多数配料，这真的太聪明了，不是吗？

酸奶蛋糕食谱

预热烤箱至350℃。

在蛋糕模具内涂上油。

混合干性食材，再添加湿性食材：

1罐糖（或1/2杯）　　2又1/4茶匙发酵粉

4罐面粉（或2杯）

放入以下食材后，混合并搅拌：

2罐酸奶（或1杯）　　1罐植物油（或1/2杯）

3个鸡蛋　　半个未涂油的柠檬

用木勺搅匀。

放入烤箱烘烤40分钟或烘烤到刀插入蛋糕而不沾即可。

待蛋糕冷却后撒上糖粉。

将蛋糕分层并抹上自己喜欢的果酱（我用的是自制的野生树莓果酱，我知道有些法国人用杏子果酱，这也非常棒）。

享用你的蛋糕吧！

我并非想说享受这些美食能够让你身材苗条，但我的确相信这些食物会为我们带来浪漫、爱情、友情、亲情以及所有美好的感觉。不要惧怕食物！听任你自己的感知是很重要的，只要这样做，你就会发现用爱和尊重做出的美味食物可以同时滋养你的身体与灵魂。

法国女人明白这一点，我们也同样如此。尽管有时为了纤细的腰围，我们牺牲了自己武器库里那件最迷人的武器——食物，以及它的诱人力量。食物能使人放下戒备，保持好心情。每一顿饭都是一次聚会、一次庆祝，甚至一次调情或一次陷入爱河的机会。

巴黎魅力课堂

我认为在法国，男人比女人更爱做饭，因为他们从经验中学到，这会制造浪漫！

难道它真的比在餐厅约会更浪漫吗？事实上，法国女人并不经常约会，她们根本不明白这种在昂贵的餐厅一对一面试似的约会意义何在：两个完全陌生的人面对面坐着，试图在两到三小时内打探出对方到底是怎样的人，她对他是什么感觉，未来两人是否有在一起的可能。

然而，法国女人会在晚宴上结识男人。即使两人已经明显擦出了浪漫的火花，法国女人也不会去约会，相反她们会选择一起散步或在公园见面，享受一次随心所欲的野餐。

无数个日日夜夜，场景更迭，各色人等交错——晚宴不仅是遇见陌生男性的完美场所，也是遇见有趣男性的完美场所。

在派对上，你能够亲眼见证一个男人是如何与男性朋友互动，与陌生女性调情，与小孩打趣，与老人及家人侃侃而谈的。

这是因为法国的晚宴是不分年龄的，宴会中会不断有新人加入，使得宴会充满生机与乐趣。虽然很多美国女人都对举办晚宴怀有恐惧心理，但你要明白，法国的晚宴聚会通常气氛非常轻松随意，餐点都是些临时起意的产物，比如家中自制的汤（周末提前准备好的）搭配美味的沙拉、面包，以及从当地面包房买回的甜点。大多数情况下，法国人的晚宴只是一次家常便饭，人们可能聚集在狭小的公寓里，甚至坐在地板上！

法国女人通常结伴约见男人，而不是只身前往。这样她们就有更多的时间和机会在家人和朋友在场的情况下，去了解这个男人，从而轻而易举地将关系迅速从友谊转为爱情。这些聚会能让法国女人拥有更多机会去散发魅力，磨炼调情技巧，并收获自信。这种宴会为法国女人提供了一所“魅力学院”。虽然当她们第一次参加宴会时会出现一些失误（法国的年轻女孩同样会参加宴会），但是随着时间的推移，她们会变得更加泰然自若、积极热忱。

课堂小提示

即使你此前从未举办过宴会，现在开始磨炼技巧也为时不晚。先从在当地的小餐馆和酒吧举行小型聚会开始吧。扩大你的核心朋友圈，结交一些有趣的男人。这些都是尝试性的邂逅，当然，第一次聚会最好不要叫上你暗恋的男人，而应该选择一个有趣的男性朋友。

制造机会让聚会变为每月一次的家常便饭，持续扩大你的核心朋友圈。考虑一下哪些活动可以成为聚会的由头。在公园野餐是个不错的想法，要是有音乐和舞蹈就更锦上添花了。大胆尝试吧，看看会发生什么，还有什么能比和新老朋友一起分享故事和欢乐更有魅力呢？

10

情人、婚姻与神秘感

永远不为他人的错误迁怒自己，
然后把爱放在首位，活在当下。

爱过的人都知道，
人生充满了苦与乐。
——乔治·桑

我经常想起迪克西杯组合的那首老歌《爱的教堂》，歌词的主题是去教堂结婚。这首歌最重要的是歌词传达的思想：我们会相爱到天荒地老，从此不再孑然一身。

确实，我们每个人都渴望拥有安全感，希望通过爱人和被爱来得到安慰，希望此时此刻无人打扰，希望一切都能完美如初。

但我们都知道，没有什么是一成不变的。生活在改变，人也在改变。

有些人会转身离你而去；有些你认为此生不会再见的人，会突然来到你的面前；有些人会以最意想不到的方式带给你惊喜。生活给我们带来欢乐，也带来悲伤，甚至带来悲剧和失去。

其实，和我的法国闺蜜们比起来，我认为自己更像是个小女孩。我简单地以为自己生来就拥有生活、自由和追求幸福的权利。在壁炉旁边，和汤普森博士一起共进美味的晚餐，享受浪漫的夜晚，爱情与欢乐交错，我觉得这一切都是那么的顺理成章。或许我没想过像歌词写的那样“既然我已经去过了爱的教堂，那我便不会再孤单”，但你知道吗，或许我的内心确实对此抱以期待。

法国女人绝不会做诸如此类的假想，绝对不会。她们对生活和爱情持一种存在主义的精神。而且，相较于我们中的其他人而言，她们似乎更倾向于活在当下。

往事博物馆

我相信这种存在主义精神发源于这个法国小村庄数年来多次被侵略的历史，尤其是法国女人在第一次世界大战期间的经历。一战在历史上也被称作“终结所有战争的战争”（实际上，它并没有结束任何战争）。

我的好朋友玛吉30多年前迁居法国里尔。在搬到里尔之前，她住在位于法国和比利时边界的莫尔贝克村。大约十年前，我去拜访她的时候，她曾提议我们开车前往比利时参观佛兰德斯战场，那是一间位于伊普尔古镇的一战博物馆。

我们进入博物馆，从盒子中挑选出一张卡片后便开始参观。这张卡片意味着我们将以卡片上人物的身份，按照时间顺序重温那段战争岁月——德国入侵法国和比利时，堑壕地带，英国、澳大利亚军队的到来——透过不同人物的视角来审视这段历史。

我抽到的卡片人物是一个37岁的法国女人，她在法国的一个小村庄里经营着一家帽店。我拿着这张卡片，就像拿着护身符一样，希望她能最终存活下来。当我和玛吉走在陈列着防毒面具、红蓝色制服、各种照片和信件的架子旁时，我一直盯着卡片上那个人物的脸庞——她眼睛乌黑，神情严肃，嘴唇紧闭。我十分希望卡片上这个法国女人能够活到战争结束，这样或许我就能知道她是否健在。如果她还活着的话，在我们参观博物馆的时候，她应该差不多有100岁了。但结果我们此时还无从知晓。

打心底讲，这次参观过程异常艰辛。一些照片让人撕心裂肺：那些身着矢车菊蓝制服的年轻人，从法国和比利时的城市和乡村赶来，前赴后继地奔向战场，下场却是惨死在遍布冻土的堑壕。

那时正值化学武器战争初期，芥子气足以让人毙命。即便你侥幸活了下来，也只能带着被毁的相貌度过余生。战争结束后，政府会定期发放一些面包、煤炭和粮食给那些幸存的士兵。那时正值有史以来最冷的冬季之一，加上西班牙流感的肆虐，一周之内就夺走了1178名平民的生命。

等到一切结束的时候，法国人口减少了5%，留下了一个摇摇欲坠、伤痕遍布的国家。而那些存活下来的人就是我们所熟知的“迷惘的一代”。

那么我的法国卡片女人呢？我从博物馆陈列物的阴影中走出来以后，进入了一个充满阳光的礼品店，我打开信封后发现，她并没有从战争中活下来。

盛开在佛兰德斯战场的虞美人

如果她活下来的话，她会发现自己所生活的国家，男性公民已经所剩不多。除此之外，她还会发现那些在战争中幸存下来的男人，通常也是落得毁容和残废的下场，他们在生理和心理上的伤痕早已无法修复。实际上，超过半数的男人牺牲了或者残疾了。M女士始终记得那个场景——巴黎街道上满是失去了双腿和在担架上挣扎的男人。那个时候，法国还没有安装假肢和做整形手术的技术。

那时的法国变成了一个遍地寡妇和孤儿、食物资源短缺的国家，结婚和组建家庭变得虚无缥缈。这就是当谈到情妇在法国社会中所扮演的角色时，法国人很少对其评头论足的根本原因之一。

那么，法国女人是怎么做的呢？她们中的大多数人在经历了战争的创伤后，都变成了带着孩子的年轻寡妇，身边环绕的也都是些残疾的男人和孤儿。她们并没有自暴自弃，反而积极勇敢地面对生活。她们修补自己的旧衣服，在破损的鞋底垫报纸，用蕾丝和纽扣玩出了新花样。她们打理好自己的头发，涂上淡淡的口红。她们还发明了没有任何成本的礼物——机智谈话的艺术、舞蹈以及最令人心服口服的女性魅力，因为魅力将会在这块迷失之地焕发出长久的生命力。

> 学会享受不花费任何代价的简单快乐。

待这些事情处理完后，法国女人就出去工作了。她们处处展示着创造力。

衣领上的花朵

安娜 · 盖兰就是其中一员。她是一名法国教师，在战争期间和战后四处进行演讲，鼓舞人心。她提出了创立“停战纪念日”的倡议。她组织法国的寡妇和孤儿们种植可以钉在衣领上的虞美人，然后她在演讲途中将这些花儿卖出去，用来资助战争中的幸存者及其家属。我们现在还有这个传统，只是在美国不那么常见。但在英国、澳大利亚和加拿大，每年11月11日“停战纪念日”这一天，每个人都会在衣领上佩戴一朵红色的虞美人。法国人则会佩戴与一战时军人制服颜色相匹配的蓝色矢车菊，用来纪念在那段残酷岁月中失去的爱人。

如今，我们依然可以看到有人在衣领上佩花。无论何时，比如当我们佩戴粉色丝带来支持乳腺癌研究或者纪念我们逝去的姐妹时，我们必须意识到：我们是伟大的传统女性的一部分——即使只是一些绸缎、棉花或者丝绸，她们也能将其变成强大而迷人的东西。

壁炉架上的花朵

对法国女人来说，对幸存者的怀念已经不仅仅局限于在衣领上佩戴蓝色矢车菊或者红色虞美人了。那些人留给她们的，更多的是一种精神文化层面的转变。在法国女人对待婚姻和承诺的态度上，这一点体现得淋漓尽致。因此，相较于美国女人对婚姻的态度，法国女人并没有那么重视婚姻。她们不会简单地相信所谓承诺，她们知道很多时候即使去了教堂，也还会觉得很孤单。

她们通常对丈夫拈花惹草的行为置若罔闻。因为率直诚实的品格就像奢侈品，已经在好几代人身上都难以寻觅了。她们已经无心再为男人的不忠而迁怒自己。是的，她们选择原谅并且忘记一些事情，对她们而言，未来的生活更重要。

经历了数十年的苦难和不确信，法国女人已经摸索出了一套门路。她们善于如胶水般将社会这张大网紧密地黏合在一起。比如一条缝了又缝、熨烫平整的手工裙，一双一再被加高的鞋子，一套因手洗而保存良好的内衣。法国女人通过各种方式表达她们的爱和感激：一桌简单但菜色齐全的宴席，一束摆在壁炉架上的野花，一个给丈夫、伙伴或者爱人的吻，以及她为孩子们设立的一系列规矩。这些规矩将过去和现在紧密联系起来，让她们的世界完整。她们清晰地认识到不论生活如何变幻莫测，一切确切的事情都永远不变。

世界瞬息万变，感激当下所拥有的一切。

法国女人知道这个世界瞬息万变，我们随时可能失去一切。但她们有一个约定俗成的规矩：把爱放在首位。她们生活在一个神秘的地方，一个猜忌与宽恕并存的地带。

巴黎魅力课堂

法国人对结婚礼服和美满婚姻并没有那么多幻想。我渐渐明白，她们对于婚姻制度的理性态度和务实品格，源自她们动荡的过往经历。

这并不是说在今天的法国，人们对于不忠行为已能完全接受。实际上，很多法国女人都跟我说过，如果她们的丈夫出轨，她们会终结这段婚姻。

更不用说，事实上法国人也并不总是忠诚的。但是，你知道吗？美国人也如出一辙！所以，明白这点后，要不要把一切视为理所当然，要不要尽最大努力创造一个充满浪漫、神秘和魅力的美好生活？这一切都掌握在我们自己手中。在法国女人看来，既然生活中的承诺并没有保障，何不抓紧时间，趁现在用最简单日常的方式表达你的爱呢？

无论认同与否，开发自己的潜能吧，有一点是肯定的，我们必须变得自立自强。寻找生活中简单的幸福时刻，未来就在当下。

法国女人的活在当下之道是找寻生活中点滴的幸福：在家制作晚餐，使用做工精良的银质器具，为家里增感恩爱情或婚姻中隐藏的神秘感。

添自然气息；感恩爱情或婚姻中隐藏的神秘感，不执着于寻求保障，勇于拥抱未知。这就是真正的“甜点”所在——当你回首自己与爱人或者丈夫的情感历程时，发现你并不真正了解他，而他也不真正了解你。这种神秘感能使你们的爱情永葆活力，美丽如初。

课堂小提示

试想一下，精简物品带来的可能是生活质量的提高。清理壁橱和橱柜中的杂物，你可能会发现一些从前珍藏的可爱小物件。一旦你重新发现了这些可爱小物件，就要记着经常使用它们。

拥抱“少即是多”的理念。

为你的丈夫或男友做一道美味的食物。记得每天都用上好的器皿。

原谅生活中的一些小错误。记得在衣领上佩戴一朵花。

11

如何吸引你的丈夫

在婚姻中保有距离感和神秘感并不容易，但有用。

让我们感谢那些使我们快乐的人，

他们是使我们灵魂开花的可爱园丁。

——马塞尔·普鲁斯特

我正坐在法国TGV高速列车上，准备从阿让[1]北上巴黎。现在刚过中午，我发现车上的乘客都离开了座位。我感到有些饿了，于是就去了餐车。在那里，我发现很多法国人正在边排队边聊天。看到这一幕的时候，我体内的那种美国人急性子开始叫嚣：“天哪！这么多人，或许我应该晚点儿再过来。”但我转念一想，不能错过欣赏这样一个法式场景。柜台后面的那个小伙子正笑

1 法国西南部城市。——编者注

着和每个顾客开玩笑，气氛相当欢快。

最后轮到我的时候，我试着用蹩脚的法语点餐。他用非常流利的英语跟我说他曾在新奥尔良生活了很多年。当时我唯一能想到的就是：这个世界真小。我们进行了愉快的交谈，谈论了爵士音乐节、世界咖啡馆、带馅煎饼以及恺撒沙拉。队伍里似乎没有人介意我们的谈话耽误了他们点餐的时间。实际上，站在我右边的男人似乎完全忘了点餐，他甚至想通过和我们聊天来提高自己的英语水平。

点完沙拉后，我可以回到距餐车一节车厢的座位上用餐，也可以坐在餐车拥挤的柜台前的高脚凳上用餐。当然，我选择了留在餐车用餐。毕竟，这里是所有事情开始的地方。

说实在话，那份沙拉虽然不起眼，但足够美味。我很喜欢那些装着油和醋的小瓶子，它们真的太吸引人了，我不知道该如何用文字赞美它们。令人愉悦的是用餐伙伴之间的友情和在公共场合用餐的优雅，以及与一群人共进午餐的那种氛围——哪怕当时的实际情况是我独自一人在用餐。

我又想，就像独自用餐一样，总有一些东西是属于美国人独有的，但我不确定那到底是什么。我经常看见人们在下午三点——一个既不是午餐又不是晚餐的时刻——开车去麦当劳吃东西。或许他们想表明“我是自由的，我可以开着车在任何喜欢的时间用餐”，而这就是其魅力所在。只有你和上帝知道你要做什么。(你想要一份超大杯巧克力奶昔？制作巧克力奶昔的可不是上帝。)

私人生活

在美国，我们似乎把公共场所私人化，把私人生活公共化了。我们时常穿着运动衣，有时候甚至穿着睡衣去超市。我们要么在车里，要么在电视机前独自用餐。更夸张的是，有时候我们在公共场合只穿贴身内衣。

实际上，我并不反对在公共场合穿贴身内衣，只要这是一种时尚或是外面罩有一件像样的优雅服饰。法国女人知道，在性感和保守、公共空间与私人空间之间寻求平衡是非常重要的。

这不仅仅适用于我们的着装和用餐，也可以用来点燃我们婚姻或爱情中的火焰。我们必须对公事和私事有一个明确的界定。法国女人在保持距离和尊严方面做得很出色，在私人生活中也是如此。她们在家会穿上质量极好的丝质睡衣，多数法国女人都有自己的私人更衣间，她们不会将这些轻易展示给别人，反而会保持着一种神秘感。法国女人知道这不仅仅是展现魅力的方式，也是让浪漫生活保持张力的方式。

是的，张力。在生活中保持张力这个概念或许会让你感到不安，但事实却是，紧张往往来自不确定性。当谈及欲望的时候，不确定性就成了我们的朋友。实际上，和伴侣太过亲密或熟悉并不利于你们的婚姻。你的丈夫和你在一起，是因为你吸引了他，他想要更深入地了解你。虽然你们现在已经在一起了，但并不意味着那种吸引力应该消失。你和你的丈夫都在不断改变，而未知感可以让你们的爱情保持活力。

形成惯例

不久前，我那在巴黎迪韦勒鲁瓦扇子精品店工作的新朋友玛琳告诉了我一个小秘密，是关于法国女人如何让男人对自己常年保持兴趣的。你要学会让丈夫的感知与你保持特定的联系。比如，当你的丈夫去衣柜帮你拿外套时，他就会闻到你围巾上散发出来的香水味；或者当他一看到你常穿的衣服的颜色，便会想到你；甚至你穿高跟鞋走路时发出的声音，都能让他想到你。你看，男人都是感官动物，对他来说，你所做的一切、你的小习惯以及你独有的配饰，都是让他难以抗拒的回忆和秘密。

这是熟悉与陌生、已知与未知、公共与私密之间的一种推动力，它也可以用二分法来表示：一方面，我们需要保持神秘感；另一方面，我们之间需要建立良好的联系。你还可以用另一种方式来看待这个问题。比如你的丈夫正处于饥饿状态，他能闻到微波炉内烤肉慢慢变熟的香气，于是迫切地想要打开微波炉。但事实却是：在烤肉完全熟透以及他的食欲达到顶点之前，你不会让他尝到烤肉的味道。

我会就这个隐喻再延伸一点。就拿烤肉来说吧，烤肉是令人熟悉的、温暖的、愉悦的食物，而等待的过程及未知的味道就是其神秘所在，对美食的渴望就是一种张力。要想在婚姻中维持爱情，神秘感、欲望、熟悉度三者缺一不可。

婚姻是高级学者的魅力学校

在婚姻中保有距离感和神秘感并不容易。多年后，婚姻中的某种张力会不可避免地消失。事实上，婚姻是一种保证，一种承诺。它能制造小小的挑战，使其浪漫永存，而不会变为“爱之牢笼”。是的，爱的承诺是美好且具挑战性的。我们不想让爱情变成一种亲情关系，我们希望夫妻之间深厚持久的爱意、信任和友谊，能在时光流逝中不断发展——即使我们都知道生活通常并非如此。

法国女人会怎么做呢？很简单，她们会拥抱整个世界。她们不会沉迷于网购（至少不会像很多美国人那样），反而会将逛商场和面包房列为每日必做之事。偶遇朋友和邻居时，她们会停下来闲聊。她们会参加当地的各种节日和社区活动，会出演生活的戏剧，并每天坚持“演出”。

还记得南希吗？那个我在雅诗兰黛的朋友，她已经在巴黎生活了30年了。最近，她同我分享了每个星期六带两个女儿去公园玩的体验：“今天是星期六，女人应该比上班的时候打扮得更漂亮——如果可以的话！”

在法国，没有所谓星期五便装日或星期六便装日。因为衣着讲究不仅会让你自我感觉良好，也会让在公园或咖啡馆遇见你的人赏心悦目。穿着得体会增添你的个人魅力，当你散发着神秘感回到家时，会吸引你丈夫的注意，让他对你产生一种无以名状的渴望。

连家具都在和你调情

现在正值巴黎的春天，我所到之处都能看到流苏，我想我已经对流苏痴迷了。我在耳环上、钥匙链上、鞋子背面，甚至法国家具上都能看到它们。它们以不同的型号和颜色呈现在我眼前，有的是水蓝色，有的是亮粉色。我经常看到漂亮的老式法国椅子上面带有金色的流苏，配着盛开的小玫瑰和最精致的刺绣装饰。我就此咨询了比阿特丽斯，她向我点头示意，然后低声说："这是珠缀，非常具有法国特色。"我多想从巴黎带一把有流苏装饰的椅子回家啊，但这是不可能的，至少这次旅程不行。因此，我买了一条亮粉色的流苏钥匙链。在拉贝尔农场，我们还有1820年的骨架钥匙，所以我用钥匙链把它串起来挂在门上作为装饰。

一条亮粉色的钥匙链挂在美国的老式门上，这听起来似乎格格不入，实际却不然。说真的，这种装饰和整间房子实在是太搭了，看起来非常性感。除了那两把亮粉色的赝品路易四世时期的椅子外，这条钥匙链便是房子里唯一的亮色。是真的！

重点在于，即使是在家，你也可以巧妙地（或者不那么巧妙地）让爱情充满活力。家是为你的表演量身定做的剧场，你可能会问自己：我是想演喜剧、戏剧还是浪漫爱情剧呢？这都由你来决定。

这就是为什么法国女性会小心翼翼地不让公共休息室里充满各种家庭生活的痕迹和责任，孩子们的玩具也不总是乱七八糟的。事实上，法国人并没有在家堆积太多的东西。你会发现“期望更少，生活更好”这一原则不仅适用于幸福的家庭生活，也适用于日常的浪漫。比起给你的婚姻生活“加料”，还不如给你的婚姻生活添加一些快乐，比如优雅的音乐、上好的美酒、美味的菜肴以及温馨的烛光。将一起看日落列为你们每日必做之事，并为彼此盛装打扮。拥有一个属于你和你丈夫的私人空间是非常重要的，在这个空间里，你们仅仅属于彼此，没有日常生活的困扰——没有要付的账单、要修的水管和要做的家务。也就是说，要创造一个只属于浪漫、只属于你们两人的空间。

创造一个只属于浪漫、只属于你们两人的空间。

创建共同记忆

坐飞机旅行总是要花很长时间。一大早，我就要乘出租车去戴高乐机场，排很长的队，走过又长又拥挤的走廊，通过安检，在免税店购物，然后再次排队等待登机。在那之后，我会挤在一个约1.8米高的小窗座位上，在空中度过六小时。然后，我会到达波士顿的洛根机场，排队过海关（通常这个队伍排得又长又慢）。过关后，我会乘电梯去拿行李，然后又得排一次队。当我最终到达接机口的时候，我会在人群中寻找一个穿着西装、打着领带、戴着太阳镜的英俊男人，他举着写有“卡伦”的牌子，就像一个专业的豪华轿车司机。

那个被接机的人就是我。

噢，那个英俊男人还捧着一大束玫瑰花，他就是我所说的汤普森博士。我叫他汤普森博士是因为在我们谈恋爱的时候，他本应该是我在费尔菲尔德大学写作课程的学生，但他却去了哥伦比亚大学，并且获得了地质学博士学位，后来成了一名科学家，在科德角的伍兹霍尔海洋研究所工作。我们在那里生活了十年。

现在他退休了，我们住在纽约北部的一个小农场。他在农场饲养鸡和火鸡，种植苹果和蔬菜。每个星期日，他都会把这些产品拿到当地的农产品市场去卖。或许我可以叫他“农民比尔”，但我更喜欢叫他汤普森博士，因为我觉得这个称呼给我们之间的关系增添了一种特定的礼节。

我坚信，除了惯例、优雅和苹果派以外，保持特定的礼节也是婚姻的基石。

住在一个神奇的国度

艾琳·古德曼做我的出版经纪人已经有十几年了，我把她当作好朋友，她总能给我的写作带来灵感。她告诉我不久前发生了一件很美好的事情：她和她丈夫已经在这个国家生活了很多年，那是她第一次在这里看到那么大的雪。当时她看着窗外，满怀期待地跟她的丈夫说她小时候从来没堆过雪人，所以想要堆一个。她建议他们一起出去堆雪人，她的丈夫却说“晚点儿再说吧”。

艾琳当时并没有多想，直到第二天她的丈夫带她来到窗边，拉起她的手，指向窗外。在露天平台那里，有一个专门为她堆的完美雪人。这多么让人惊喜啊！他完美地展示了自己对妻子的爱。

更重要的是，当她丈夫跟她说“晚点儿再说”的时候，她并没有感到失望。相反，她在那种对堆雪人的渴望和丈夫对她承诺的满足之间怡然自得。在婚姻中，承诺往往是没有保障的。说出来菲尔博士可能不会赞同，但法国女人都知道适度的沟通缺失是让婚姻永葆活力、充满奇迹的秘方。

悠闲散步，并带上一大袋橙子

2014年，我和朋友凯莉与一群漂亮女人组团参加了当年的巴黎之旅。我喜欢和她这样的人在一起，因为她是一个优秀的人类行为观察者，她喜欢所有女性化的东西，对所有法式的东西都有着无尽的热情。而且，她新婚不久，特别想让自己的婚姻充满激情。在旅行结束后，凯莉在巴黎租了一间公寓，又待了一周，这样她就可以体验购物、烹饪以及独自在街上闲逛这些巴黎本地生活了。我喜欢她从“光之城”回来后给我讲的故事。

> 那天我正在巴黎第十区散步，当时我穿着一条新裙子，手里提着一袋橙子。我看到一个英俊的男人走过来，便故意低下头，避免与他产生眼神交流。但他却故意和我打招呼：“你好，女士！”我立马抬起头，看见了他那非常轻浮的笑容。当时我就想：这可是调情啊，是巴黎的一种特色，我最好让它继续下去！

之后，凯莉便回家了，而这段经历也一直伴随着她。的确，那段经历让她和丈夫之间的爱情再次充满了活力。

> 我每次从巴黎回来，都会对自己的女性形象产生新的认识。我得承认，调情为我的生活注入了活力。有时候我真的会忘记，对我的丈夫来说，调情是多么的魅惑与兴奋，会让他放松、微笑。一些生活中很简单的事情，比如我穿上裙子绕着房间走一圈，开个小玩笑，再展开一段严肃的对话或者做一些改变，他都会做出回应。但我需要时时被提醒。
>
> 我是一个精力充沛、处事风格比较粗犷的人，往往忽视了这一点会让他感到多么无力。美国文化优先考虑的是任务和时间，甚至是孩子。直截了当和时间管理被置于人与人之间的那些微妙、温存、眼神交流或嬉戏的乐趣之上。因此，我们失去了女性的特质，我们忘记了享受生活的乐趣。

是的，生活的乐趣。你还记得生活的乐趣是什么吗？

不要用金钱衡量爱情

我正身处巴克街的一家商店。帅气的收银员帮我打包好东西后，接过了我的信用卡。当他把信用卡还给我的时候，他边眨眼边问我：“您的电话号码是多少？”

我毫不犹豫地给了他电话号码。好吧，或许在某一瞬间我觉得有点儿奇怪。但是在美国，便利店和商店的店员经常会询问你的购物卡号码或电话号码，我已经习以为常了。因此，我完全没意识到这个时髦的法国男人此时是在通过这种方式和我调情呢！

我还要补充一点，他用一种极其轻佻的语气问我是不是在美国经常给别人留电话号码。我想向他解释一下关于美国便利店的事情，但那实在是太复杂了。因此，我只能跟他说我并不经常给别人留电话号码，尽管事实是我真的那样做了。

离开商店后我就在想，我们自身的文化到底在多大程度上将商业考量置于社会归属之前？在所有这些赚钱或省钱的努力中，我们是否牺牲了一些福祉？是否牺牲了自己的魅力？

也许是时候重新审视一下我们的优先事项，放弃对美丽、优雅以及生活中、爱情中简单乐趣的权衡了。

浪漫生活并不是生意。

浪漫生活并不是生意。我想说的是，保持爱情的秘诀是放弃资本主义所信奉的那些价值观——效率、权宜之计、时间管理和所有那些可爱且有进取心的至理名言，因为这些价值观在寻找和维持爱情的时候是行不通的。事实上，恰恰相反，它们十分有害。只有当你选择闲散的生活方式时，你才更有可能找到或重拾你的爱情，因为爱情总是在不经意间出现和发生的。当你不再同时处理多项任务，不再一心想着存钱，不再总想着把事情做完，不再总是考虑如何提高效率的时候，爱情之火就会被重新点燃。

选择一条充满迂回的爱情之路，这条路更有趣，更充满惊喜与魅力。

好吧，你还有两美分。由于法国人不用钱来衡量事情，所以我很怀疑自己的行为会给他们带来困扰。

巴黎魅力课堂

我们每时每刻都在创造属于自己的故事。

爱是具有创造力的。我们每时每刻都在创造属于自己的故事。当我们“得到”一个人的时候，并不意味着这就结束了。没有人可以拥有别人，我们不应该把一切视为理所当然，我们需要去爱、去生活、去创造属于我们自己的故事。我们的梦想可以让它成为美好的故事。

因此，即使是在婚礼和蜜月后，甚至在孩子上大学后，我们也必须把自己的婚姻视为一个不断发展的故事。我们需要时不时地回顾爱情，从另一个角度看待爱人。这样做我们会发现：我们的爱人对其他人还是很有吸引力的。丈夫需要和妻子一起做这件事情，妻子也要和丈夫合作。（顺便提一下，这就是你需要参加宴会的另外一个重要原因。）

法国女人知道，我们需要向丈夫或者伴侣展现出自己的魅力，我们对其他男人依然具有吸引力，他们赞美我们，甚至与我们调情。法国人并不将此视为耻辱。实际上，法国男人都知道，其他男人关注他们的妻子，其实就是一种赞美，因为他们的妻子值得让别人一见倾心。往往在这种时候，丈夫的热情会被重新燃起（不管他们是处于新婚期还是结婚多年）。

我们所有人都应该重新规划自己的生活并提醒自己：生活是不可预测的，我们的生活到处充满了惊喜和乐趣。

让我们接受生活中那些存在于欲望与渴望、神秘与惊喜之间的空间。在我们度过了一段长久的婚姻生活后，我们会失去这种神秘感，会认为自己已经了解伴侣，而伴侣也了解我们。这看起来像是真的，但事实却不尽然。人类从来都不可能被完全了解，人类世界总是带着一种神秘感。我们要做的就是找到这种神秘感，并把它带回到我们的日常生活中来。

课堂小提示

通过更加细致地关注那些给你丈夫带来欢乐的事情——无论是烹饪他喜欢的食物，还是穿他喜欢的颜色——来给你们的婚姻生活增添一丝浪漫。和你的丈夫谈谈你觉得有吸引力和浪漫的事情，不用任何隐藏的议程，这仅仅是与他重新建立联系的一种方式。

法国人喜欢用“差别万岁”来庆祝男女之间的差异。在生活中不要因为越来越配对而葬送自己的婚姻，而是要表现出你的不同和女人味。因为，一旦你和你的丈夫喜欢上同一个球队，那么你就会不自觉地和他穿一样的队服。

尝试旅行。时间和空间会为渴望、重燃的欲望以及浪漫的团聚创造机会。

尝试参加宴会和集体聚会。在那里，你的丈夫可以像其他男人一样享受你的美丽和魅力。千万不要用金钱来衡量爱情，一定要抽出时间坐在桌边共进晚餐，还得配上蜡烛。

最后，永远不要随便解决自己的晚餐。我这么说并不是因为这可能是一个不健康的选择，而是我真的不认为你会在快餐店遇见爱情。在那里，你也不会找到最容光焕发、最快乐的自我。

12

治愈一颗破碎的心：米米的故事

敞开心扉，这个世界上有属于你的爱情。

巴黎的确是个好地方。

——奥黛丽·赫本

35岁的你早已经历了人生的千姿百态。你和父亲一起，从事房地产工作；周末的时候你会和母亲一起去逛古玩店。你是四姐妹中最小的那个。你的母亲天真活泼、幽默风趣，疯狂地迷恋着你英俊的父亲。你的父亲分别给你们取名露西和埃塞尔。他是一个长跑运动员，身姿矫健，深爱着他那身材窈窕又充满孩子气的妻子。每当母亲看到他时，都会用最迷人的声音说："天哪！我最帅的沃尔特来了。"

你和母亲都很喜爱古董。你会在跳蚤市场淘货，也会收集老式梳妆台和带有法国特色的亚麻制品。你经常走访巴黎，了解所有的市场。在你姐姐的孩子们毕业的时候，你会带孩子们到巴黎旅行，作为他们的毕业礼物。啊，你简直就是一个关于法国的专家。

你和杰奈尔坠入爱河，已经到了谈婚论嫁的地步。杰奈尔体格健硕，和你的运动员父亲一样，强壮且健康。

那年你35岁，你的父亲67岁。但是毫无征兆地，你的父亲突然去世了。

他就那样走了。你的世界摇摇欲坠，但变故和失去才刚刚开始，只是你不知道而已，你相信一切都会回到正轨。你和母亲悲痛万分，因为她失去了最爱的沃尔特，而你失去了最爱的父亲。

但你重新振作起来，收拾好心情，开始崭新的生活。你和杰奈尔订婚了，你们买了结婚礼服，筹备着婚宴，还发了结婚请柬。所有事情都在顺利进行着。生活重新开始，一切都在慢慢好转。

然而，杰奈尔也走了。他才44岁啊，还是个运动员！在睡觉的时候，他的脑动脉瘤破裂了，就这样离开了。这不是你第一次失去爱人，你在24岁的时候就订过婚，但你的未婚夫却在一场滑水运动事故中丧生。于是你说：“这就是命。我还有家人，还有工作，那就够了。”

38岁的你认为这个世界依然在一步步地摧毁你，你已经再也无法承受任何失去了。

一年后，你的母亲也去世了。她因为悲伤过度而离世，她失去了她的沃尔特，失去了她的爱人。当然，这并不是医生说的，按照他们的说法，你母亲死于一系列的中风。但是你知道真相不是那样的，她其实是死于悲伤过度。

现在你已经39岁了。这个世界看起来已经没有什么值得你留恋的了，于是，你像许多女性前辈那样收拾好行囊，去了巴黎。

这就是米米的故事。

如今的旅行家

十月上旬一个阳光明媚的日子，我和《百丽灵感杂志》的创始人米米见面了，她在2010年的时候还创办了一份专注生活艺术的电子杂志。我和米米相约在圣日耳曼大道上的波拿巴咖啡馆碰面，我们选了一个面向人行道的小咖啡桌。点完咖啡后，我们便开始了关于生活、爱情、巴黎以及女人的交谈。

米米身上有一种令人特别舒服的温暖与甜蜜。她有着漂亮的头发和淡褐色的眼睛，笑的时候眼睛里会闪烁出星星般的光芒。她非常爱笑，在经历了这一切之后，她并没有失去自身的幽默感。她向我讲述了破碎的心是如何被治愈的故事。

> 我之前从未独自来过巴黎，但一切发生之后，我迫切地需要休息。那时正值五月，天气很冷。我来自佛罗里达州，所以穿的还是我在那里时的衣服。因此到了巴黎后，我需要购买各类新衣服。

老实说，这听起来很搞笑，但我什么都没说。她当时住在香榭丽舍大道，靠近拉杜丽——那里的马卡龙可是享誉全球。

在米米到巴黎后不久的一个傍晚，当时她正在大街上散步，一个穿着外套、提着公文包的男人迎面走来。两人越走越近，目光交错，她一遍遍提醒自己说："不要和任何人讲话，我来这里并不是为了遇见某个人的！"

米米呷了一小口咖啡后，对我说香榭丽舍大道以邂逅而闻名。她提到这一点的时候，眼睛闪闪发亮：“你只要稍稍停留两秒钟，便会有人过来搭讪。”

因此，和那个男人擦肩而过以后，她走进了一家咖啡馆，点了一杯热巧克力。她又冷又累，当时咖啡馆几乎空无一人，她选了一个角落位置坐下，理平裙子，拿起菜单。当她再次抬头时，却一眼瞧见在街上遇见的那个穿着外套、提着公文包的男人走了进来。她感到很奇怪，毕竟那个男人是朝着相反方向走的。

所以，我知道他肯定是折返回来了。不，我不是为了这个而来的！

但是很明显，他是为了米米而来。因为那个男人直接就在她旁边的桌子旁坐了下来。那时，米米已经点了热巧克力。

他并没有意识到米米是美国人，所以凑过身来用法语说：“我知道你可以在哪里买到正宗的热巧克力。”听到米米用英语回答，他便很快换成英语。他们聊了起来，他说自己的名字叫让－皮埃尔。

米米向我坦白道：“我当时立刻感到一身轻松。”

但是，我还是很谨慎的。我独自一人来到巴黎，在飞机上就下定决心要小心行事。因为我不仅仅属于我自己，我还想让我的父母为我感到骄傲。尽管如此，我还是注意到了他那深黑色的眼眸，那是第一眼就能吸引你的地方，它们真是让人难以抗拒！他还有着融化人心的笑容和与之相匹配的健硕身材。

他说：“在这条街上还有另外一家咖啡馆，离这里只有三个街区。那家店的热巧克力味道更好，而你去那儿也会更安全。”

他解释说这条林荫大道对漂亮女人来说是不安全的，他想保护米米免受那些当地小混混的骚扰。但是她拒绝了他的好意。然后他问米米是否愿意和他共进晚餐，她再一次拒绝了。他又问米米想不想一起喝一杯，她回复“不想”。

米米说：“我当时就问我自己，为什么不呢？我并不开心啊！”

那天过后，米米猜想自己再也见不到那个男人了。然而，事情并非如此，因为在接下来的几天里，她总是在不同的时间段，看到那个男人在酒店附近出没。后来，米米总是无意间在香榭丽舍大道遇见他，原来他就在附近上班。在又一次的偶然相遇时，男人对米米说："一起吃个晚饭？"她依然笑着说："不用了，谢谢。"

但是，在这些似乎是命中注定的诸多邂逅之后，她开始感觉到了些什么。"我的确在无数个午夜时分懊悔自己当时为什么不接受他的邀请。"

最终，在连续三天遇到让-皮埃尔之后，米米失眠了，脑袋里想的都是这个神秘的法国男人。

"光之城"的无眠夜

在一夜无眠后，她一直睡到下午三点才走出酒店。她买了一份报纸，这份报纸列出了这个城市当前所有的展览和活动。她找到一个长椅坐下读报纸，然后注意到旁边有一条男人的腿。她抬起头来，发现让-皮埃尔正微笑地看着她说道："呃，我可没有跟踪你。很明显，这是命中注定的。"

再一次，他邀请她一起去喝杯咖啡。而这一次，她同意了。

19个月后，他们结婚了。当然，让-皮埃尔带米米见了家人，米米也带他见了自己的姐姐们——正如米米所说的那样，她们“想要确保妹妹的选择是正确的”。

如今，米米和让－皮埃尔已经结婚11年了，他们一直都很幸福。她和这个命中注定的男人在巴黎开始了新的生活。谁让他刚好是个法国人呢。

那么，让－皮埃尔是如何评价米米的呢？好吧，他是这么跟我说的：“当我第一次在街上遇见她的时候，我的感觉告诉我，她就是我一直在等的那个人。这是命运的安排。”

米米提供了一条寻找爱人的建议：“耐心等待。当真爱来临时，一切都很容易；而如果那个人不是命中注定的，一切都会困难重重。”

如今，米米运用她专业的古玩知识在巴黎为游客策划私人定制旅行。她的顾客群体包括来自世界各地的精品店老板、夫妇以及母女团。她收集各种纯银镜框，喜欢“好的法式书桌”，她说它们非常女性化，接着又解释说了解古玩的关键就在于不断抵制诱惑。她微笑地看着我，脸上洋溢着一个曾经遭遇不幸、失去挚爱又重新被爱的女人特有的智慧。

改变想法

你能想象如果米米一直沉浸在失去亲人的悲痛中，一直待在佛罗里达州会发生什么吗？好吧，很大的可能是她不会遇到一生挚爱。

事实上，米米找到爱情是因为她像所有聪明女人一样，在“撞到南墙”时选择去旅行，去振作，去尝试新事物，去寻求改变。但这并不是简单地改变想法或者心态，而是一种更深层次的变化，包括思维方式、生活习惯、所处环境以及世界观。

这种变化可能是巨大的、戏剧性的，比如去印度的修道院；也可能是细小的，比如去上陶艺课。它可以是加入志愿者组织做义工，也可以是做一些小的尝试，比如改变发型，或是把厨房的墙壁漆成橘红色、黄绿色、紫红色。这种微小的改变会带来一系列的其他改变。在你意识到这些改变之时，你已经把自己从常规中拽了出来，形成了一种可能彻底改变自己的新的生活方式。

你看，我们习惯了我们的日常生活，它让人们感到熟悉和安全。当悲剧发生或者我们心如死灰的时候，我们自然想要逃避到熟悉又安全的生活中。我们想要得到安慰，但这并不是寻求安慰的时候，而是让自己变得强大、获得成长的时候，是检验你对自己以及身边环境的认知的时候。

所以，亲爱的旅行家，勇敢地远行吧！你的心会感激你所做的这个决定。

巴黎魅力课堂

让我们忘记金钱是爱情的保障那种观念吧。

想想你的心脏不过是一块肌肉组织，而这块肌肉只有不断地经历拉伸、使用、受伤、愈合、再受伤、再愈合，才会变得更强劲，更富有弹性。

法国人不考虑“重返赛场”，而是考虑如何安慰受伤的心灵。法国女人会花时间疗伤，你也可以。

要知道，等到时机成熟，令人愉悦的爱情自会降临。

开辟属于自己的秘密花园，在那里或许可以找到你个人的幸福源泉。同样，也请走出自己的舒适区，抓住机会改变现状。也许你需要订一张去巴黎的机票，也许你需要听从内心的呼唤，在夏季去冰岛看极光。如果你喜欢维多利亚时代和《唐顿庄园》，那就去英国吧。抑或你会意识到，正如多萝茜[1]所说的那样，“没有比家更好的地方”，然后回到故里。但你首先要做的是去体验一个新环境，认识一些新朋友，然后敞开心扉。

1 童话故事《绿野仙踪》的女主角。——译者注

课堂小提示

你应该为自己的心准备好“急救箱”，可能此时你并没有遇见让自己心碎的事情，然而总有一天你会遇到，因此需要提前做好准备。

把那些能给你带来安慰和让你感觉强大的事情列出来。

问问自己，是否有一个地方可以让你重新找回勇气。你不必立刻去那个地方，但你可以在“急救箱”里保存一张那个地方的照片。

最后，敞开心扉生活。是的，你可能会因此受伤，但你最终会获得新生。

13

请你依然会说：“我愿意。”

保持勇气。

> 爱情是一幅以天性为基调、
> 用想象力填涂的油画。
> ——伏尔泰

法国女人经常使用“我的爱情故事”这样的表达。我认为“爱情故事”并不是个翻译话题，却恰恰反映了她们的思维方式。她们的爱情生活如同故事，充满艺术感，始终在进化与更新。

这是用一种长远的眼光看待爱情。她们的爱情故事并不以交男友或是结婚为目标，每段故事都有其独特与完美的地方。

我从许多法国伴侣口中了解到，他们的相识过程都相当有趣。他们的邂逅形式多样，比如地铁站台上的不经意一瞥，继而引出翌日的偶然相遇和随后的公园约会。我的很多法国女性朋友是通过朋友介绍认识的。我知道一些法国女人就是在工坊里认识了自己的男友。烹饪课似乎也是滋养浪漫的一方沃土。我的朋友伊莎贝拉是在一次家庭聚会上认识了自己的丈夫，而伊索尔是在一次暴风雨中遇到了她的意中人，当时两人挤在一个雨篷里，全身湿透却笑声不断。

不，我一点儿都不后悔

不久前，摄影师克里斯托·肯尼向我讲述了她的爱情故事。她长相迷人，有着金棕色的长发和湛蓝的双眼，看起来就像是从一幅爱尔兰美女海报里走出来的人，然而实际上，她来自马里兰州的郊区。她让我想起了我的女儿。我的女儿也是一名摄影师（不过现在是一名平面设计师），她俩年龄相仿。所以，我和克里斯托很快便熟络起来。她过去几年一直生活在巴黎。

2008年美国经济衰退时，她大学毕业，来到了巴黎。

由于背负大笔学生贷款，找工作也希望渺茫，我当时就孤注一掷去欧洲旅行。在游历了六个欧洲国家后我变得一无所有。回到美国后，我遭遇了逆向文化冲击，它让我很快意识到在我所游历过的国家当中，法国文化深深吸引着我，我必须设法返回法国，并在那里开始新的人生。

从此，克里斯托变得雄心勃勃，斗志昂扬。她在经营自己的摄影公司时，还兼做另外五份不同的工作。最后她彻底还清了贷款，卖掉了汽车，然后搬到巴黎，成为一名全职摄影师。

克里斯托曾为一些著名人物拍过照，比如作家约翰·艾弗林和麦克·查本，还有美国驻法大使和歌星吉米·巴菲特。我来到这家明星公司真是倍感荣幸。

克里斯托真的棒极了！她总能找到一些秘密的、适宜的景点拍照。

这天早上，我们兴高采烈地来到巴黎皇家宫殿一带，她给我拍了很多照片，有的在花园取景，有的变换帽子和围巾。她一会儿朝左，一会儿朝右，一会儿拍近景，一会儿又拍远景。

现在，我们正在内穆尔咖啡馆悠闲地喝着卡布奇诺。

克里斯托向我讲述了她在巴黎的浪漫生活，以及这段生活是如何帮助她开启身心去迎接新的挑战。

一旦我们在某种熟悉的环境里日复一日、按部就班地生活，我们实际上已经失去了生活中许多有意义的东西。如果我们能够时常通过学习一门新的外语、造访一座新的城市、熟识一群新的朋友等方式来更新大脑的话，我们将对什么是现实、什么是可能性有完全不同的认知。

噢，还有找到新的爱情的可能性。

我和男友的相识经历十分特别。当时，我正在为一次大型活动做摄影。那晚结束时，我享受了拍摄宴会的额外津贴，其中包括数杯免费的香槟。由于一晚上都忙于跳舞和结识新朋友，我准备坐地铁回家，全身上下既愉快又兴奋。

地铁进站时，一个褐色头发的高个子帅气男人站在了我的身边。我用余光扫过他，立刻感觉到一阵莫名的激动。

上了地铁后，为了能够更清楚地看他，又不至于靠得过近，我小心翼翼地通过地铁车窗上的镜像画面来观察他。

地铁每次停靠站点，我们的目光就会在车窗玻璃上交汇，我们便相视一笑，然后将目光转向他处。

我到站了，他先我一步下了车。很巧，我们是在同一站下的车。下车后，我朝着不同的方向走上出站台阶。最后我回过头来冲那个帅气的年轻男人微微一笑，而正在此时，他也转过头来。我们四目相对，他转身朝我走来，腼腆地笑着向我问好。

克里斯托和贾克在一起幸福生活了两年多。是的，生活中处处充满着戏剧色彩，但是对这个年轻的摄影师来说，除此之外，生活中还有真爱。贾克帮助克里斯托熟悉了法国的习俗、国家机构以及语言，他们一起游遍欧洲。这听起来简直就是一个美国女孩和一个典型法国男孩的童话故事。虽然此时他们的爱情故事结束了，但是克里斯托还很年轻，她依然能够欣然接受恢复单身，并拥抱她的真爱——巴黎。

横跨欧洲大陆的爱情

温蒂妮是一名服装设计师，同时也是一名时尚顾问。她目前正在撰写一本以鞋子为线索的自传，这让我十分敬佩她。温蒂妮出生于法国南部，但我第一次见到她是在波士顿。当时她正在为演艺界的表演者和赞助人设计服装。她在位于波士顿灯塔街的个人工作室接待客户，当时她还是一名形象设计师（现在依然是）。她帮助过成百上千个对时髦不敏感而又想提升颜值的男女。噢，对了，这些还不够，她还是位大码模特。

爱在巴黎

温蒂妮性感十足，很有女人味。她常常带着迷人的微笑，言行举止间充满了生活的乐趣。她标志性的香气是来自一千零一夜品牌的香水，当她特别大胆时，她还会用圣罗兰的香水。和她一起坐在咖啡馆里聊聊生活和时尚、时装与香水，当然还有爱情，会让你感觉活着真好，待在巴黎真舒服。

她是这样遇见一生挚爱的。

那是十一月份的一个星期六，也是我生命中最幸运的一天。我当时参加了巴黎塞巴斯蒂安在富兰克林大街8号举办的豪华沙龙。离开沙龙现场，我感觉自己就是全巴黎最可爱的女性。本来那天晚上我是要和一个叫鲍里斯的俄罗斯男人约会的，但他临时接到电话去了斯德哥尔摩，所以我打算加入女友们在一间酒吧举行的生日聚会。

当晚跟朋友们在一起时，我肯定散发出了相当迷人的气息，因为当杰罗姆走进来时我正同时和三个男人热聊。在人群中我一眼就看到了他（因为他个子很高），并且他也注意到了我。我立刻被他的浓眉大眼所吸引。他的帅气属于传统型，甚至有些过时，是那种格里高利·派克和肖恩·康纳利类型的帅。当他微笑时，整张脸都溢满笑意，尤其是那双漂亮的大眼睛。而且，我还喜欢他的大长腿、胳膊和双手，以及他宽厚的肩膀。

很显然，一些事情已经发生了。难道这就是一见钟情？我不清楚，我只知道当时我就感觉我们之前见过，而且我还认定他是一个好人。

我们经由一个共同的朋友介绍认识（这个朋友当时喝醉了，事后根本记不起来这段决定我们命运的插曲）。当杰罗姆问我是否愿意出去走走时，其实我已经不在巴黎居住了。当时我只是临时回来待两周，然后就要返回波士顿，但他并没有退缩。

第二天我们相约一起喝咖啡。因为有跟朋友的晚餐约定在先，所以我安排在晚餐前的几个小时和他见面。我们在圣保罗地铁站碰头，然后一起走进了附近的一家咖啡馆。目光越过咖啡，我们微笑着凝视彼此。他穿了件灰色的羊绒衫，领子是折下来的，我可以清楚地看到他的脖子和锁骨。我爱他的脖子，它是那么的令人陶醉与兴奋，性感却又不乏稳重和自然——也许这就是爱情要到来的征兆。

喝完咖啡，我们便牵着手一起去见我的

朋友。离开时他亲吻了我并道了晚安。待他刚一走远，朋友们就开始惊呼“他简直太可爱了”，并追问我们已经在一起多长时间了。

我的答案是：两小时！

那天晚些时候，我正在马雷区和朋友共进晚餐，杰罗姆发来短信，说虽然他不想打扰我，但仍想告诉我，他感觉飘浮在云端。

在那之后的一周时间里，我们每天都约会（一起漫步卢森堡公园和圣路易斯岛，一起在布雷特斯大街上吃比萨）。在我要离开巴黎返回波士顿时，我已经深深地爱上了他，想到我们的爱情故事即将结束，我心里十分悲伤。

“我会去波士顿找你的。”他说。

“一定！”我哽咽着说，心里想着或许我再也见不到他了。

三周后，我们在波士顿的洛根机场重逢了。之前他从未来过美国，而且他的英语的确很糟糕。

后来他偷偷地告诉我，那次他十分担心我不会去机场见他。接下来的两年，我们一直在波士顿和巴黎两个城市间往返。2010年，我们在三个不同的欧洲国家分别举办了婚礼。我们的儿子洛根·查尔斯于次年出生，两年后，我们的女儿帕罗玛也出生了。查尔斯的名字是用来纪念我的父亲查尔斯，他于我们结婚后的第六周在泰国的家里去世。许多人曾经问过我“洛根”这个名字是不是用来纪念波士顿的洛根机场，毕竟多年来它和巴黎的戴高乐机场，一直是我们生活的中心，意义重大。

这个十一月将会迎来我们幸运相遇的十周年！

当爱找到你

妮可，我的声音很好听的巴黎朋友，曾带我去巴黎的蒙马特共进晚餐，最近又和我一起在纽约西村喝法式炒咖啡。在那里，她向我介绍了她的丈夫安吉尔。

安吉尔说话声音柔和，但他不太会说英语，所以当我和妮可聊天时，他只是在一旁静静地聆听。不过他看起来似乎比我想象的能听懂更多，他听我们聊天时，眼睛里闪耀着光芒，并且不时微笑和点头。妮可拥有这么一个伴侣该是多么幸运啊。他们自孩提时就认识，一起在法国南部的小镇长大。妮可和安吉尔的姐姐们是好朋友，当时他们实际上并没有太多的生活交集。彼时妮可17岁，而安吉尔14岁。虽然只差了三岁，但是这个年龄差在青少年时期却是巨大的。所以，实际情况是当时的妮可根本就没有留意过安吉尔。

然而，安吉尔却注意到了妮可。他靠近妮可并告诉了她自己的倾慕之情。在他的眼里，她是那么与众不同，优雅、时髦，又酷劲十足。似乎从高中开始，妮可的将来就注定属于巴黎的时尚生活，而不是这个小城镇。但是安吉尔深深地迷恋上了妮可，他就是忘不了她。

多年后，妮可搬到了巴黎，他们失去了联络，过着各自的生活。在长达30年的时间里，他们再也没有碰到过。直到有一天，安吉尔的姐姐们从家乡小镇给妮可打电话，希望能够重聚。她们在电话中提到自己的弟弟离婚了。妮可一直未婚，当时她并不理解为何安吉尔的姐姐们要自己去见见她们的弟弟。在学校的时候，她的确对安吉尔了解不多，于是当安吉尔约她回来后共进晚餐时，她便答应了。

一周后，妮可回到了自己成长的小镇，她同安吉尔见面了，并一起去了一家不错的餐厅吃晚餐。安吉尔告诉妮可，他们的家乡奥维拉尔有非常适合她的古老建筑和艺术社区。在那次晚餐的交流过程中，妮可得知安吉尔曾连续六年蝉联法国跆拳道冠军，还曾出征韩国参加比赛。经由岁月的洗礼，安吉尔已经变成了一个十分有趣的成功男人。

妮可和安吉尔两人都喜欢去美国旅行，最后在美国朋友的帮助下，他们于2014年6月1日在科德角的海滩举行了婚礼。

妮可和安吉尔在一起已经14年了，由于工作，他们实际上并没有住在一起。妮可告诉我，法国有着发达的航空和高速列车网络，所以他们经常能够在巴黎或者法国南部的地中海海岸碰面。

当我请这对夫妇就如何寻找真爱这个话题对我们的读者说些什么时，他们是这样回复的："我们两人之间有很多不同，但正是这些不同滋养了我们的关系。这么多年来，我们的每次邂逅都出乎意外。你必须保持心胸宽广来迎接生命带给你的惊喜。事情往往在你最没有准备的时候发生，所以千万不要轻言放弃。当你努力寻找爱情的时候，你往往找不到它，因为爱情会来找你，带给你惊喜。”

噢，加拿大！

自我的第一本书《法国女人不单睡》出版之后，很多读者十分关心那个穿着超短裙和皮靴的女孩究竟经历了什么。那个女孩是我的好朋友，名叫杰西卡·李。她在2007年作为翻译和我一起来到法国。那时她刚刚度过了十分煎熬的一年：

> 我的一个亲密好友患癌症去世了，这时和我感情深厚的奶奶也与世长辞。这一系列的打击几乎击垮了我的精神，同时也摧毁了我的自信。此时的我刚刚从这段毁灭性的经历中稍稍走出来。

杰西卡就是在这样一种脆弱的状况下开始了我们的法国之旅。旅程之初她还身穿牛仔裤和T恤衫，待到旅程结束时，她的身心已焕然一新，身着超短裙和长靴，和法国女人一样明眸善睐。而且，不久之后她还找到了真爱。她是这样描述自己的这段浪漫故事的。

法国之旅改变了我的思维方式。我怀着极大的兴趣认真聆听我们接触的每个女人。她们不仅浪漫，而且务实。她们的每段罗曼史都发端于友情或者类似友情的关系，不是朋友就是朋友的朋友，然而我的每段恋情的主角最开始都是陌生人。

认识马克的时候，我刚刚做了两年的法语教师。那天我正在参加一个语言会议，经过某个参展商楼层时，我注意到一个写有“学法语！去加拿大！”的标牌，他们的参展桌摆放在一个最不起眼的角落里。我对桌后的那个人说“一会儿我过来找你谈谈”，他也站起身说“请您一定要来”。

我记得当时我们谈到了法国的浸入式教学和加拿大的医疗保险，他则记得我们无所不谈，话题包罗万象，甚至记得当时我取笑了他的台式电脑。在交谈的过程中，我突然觉得他很帅气。他那宽厚的微笑和藏在蓝色方形眼镜框后的棕色眼眸都令我心驰神往。他的法语和英语都很流利，并且他的左手无名指上没有戴戒指！于是我听得更加用心了。

第二天早上，我再次来到了会议现场，直奔参展商楼层，然后又假装漫不经心地闲逛，目的是不想让他认为我是专程为他而来。由于时间有限，我想到了一个好主意。我递给他一张我的名片，并对他说："你是个加拿大人，在这儿又不认识其他人，但是你会说法语。今晚我和一群法国朋友有个聚会，你愿意来吗？"几个小时后我就收到了他的回复，他接受了我的邀约。

在聚会上，除了我之外，他似乎跟每个人都相谈甚欢。"我要把他从我的名单里剔除。"我这样告诉朋友，手上还做出一个划去的动作。

之后，我们开始互相留言。不出一个月，我们就开始通电话了，再之后的一个月，我就去加拿大找他了。那个晚上，我们共进晚餐，并且聊了很多很多。服务员送来的食物都原封不动地晾在碟子里。时间飞逝，餐厅要打烊了，我记得盘子撤走的时候里面依然满满地盛着食物，但我并不觉得饿。之后的那个周末，我们也是这么度过的。

我和他的交谈进行得十分顺利、流畅。和他在一起，我根本不用挖空心思考虑接下来要说什么。我们之间似乎永远有谈不完的话题。

回家后我心情大好，但依然有些犹豫。他离异带有两个小孩，而且生活在一个离我有八个小时行程的国家，和他交往将十分不便。我尽量不去想念他，甚至试图通过在国内和其他男人约会来摆脱对他的思念，但他始终都在我的心里。每次拨通加拿大的电话，就能感受到他是如此风趣、美好与幽默。最终我放手一搏，决定为了爱情冒险尝试，哪怕这种爱带来的是痛苦，我也绝不后悔。

于是我们开始了异地恋，在长达三年的时间里，我们每月都要飞机往返一到两次。当他提议我去加拿大时，我感觉这是一个艰难的决定，这意味着我要离开自己的国家，离开自己的家庭，离开我所熟悉的一切。但我爱马克，我的整个人生似乎都是为了等待与他相遇。和马克在一起，才让我意识到以前不论与谁在一起，我都从未真正地活成我自己。和他在一起，生活变得很简单，不再是永无尽头的徒劳。

我的父亲经常告诫我：“放手去做你想做的，最终你会发现那个对的人正在你的身边做着对的事情。”看来他是对的。

愿意拥抱一切未知，即使会有受伤的可能。

现在，杰西卡和马克以及他们两个可爱的儿子生活在一起。杰西卡如今不仅是编辑和法语教师，也是一名出色的翻译官。

请说“我愿意”

事实证明，当我手捧一大束粉色百合送给我的法国朋友塞尔维的那天，居然是我最后一次看到这个法国朋友。我告诉你们这些并非想让你们悲伤，而是想告诫你们，我们在这个世界上的时间很有限，所以当你遇到一群法国女人谈笑风生并示意你加入她们，还送给你一些花时，请说“我愿意”。

请说“我愿意”，哪怕这看起来怪怪的，并且你也并不十分确定这些法国女人到底正在对你说着什么。

请说“我愿意”，哪怕你已经买好了一盒巧克力，因为这只不过是让你手上又多了一份东西走过法国街头。

请说“我愿意”，哪怕你此时还没有包装纸或者丝带来束好这些鲜花。

请说“我愿意”，哪怕是冒着黄色花粉会弄脏你漂亮的白色美式外套的风险。

实际上，此时你是在对这些花朵，对这个世界，对你的朋友和男友，对生命说出“我愿意”。

我们都明白：生命中不乏馈赠，但也有陷阱存在，还有那些给你永远留下印记、令你彻底改变的危机时刻。

但请你依然会说“我愿意”。

巴黎魅力课堂

你是在享受自己真实的、独一无二的爱情故事。爱你自己，爱你周围的人，爱生活。请相信你有充足的时间，来等待你的爱情故事以它独特的方式绽放。

请将追寻真爱的曲折经历看作是甜蜜旅途的一部分。你不妨从那些功利的约会中抽身，转而用一种长远的眼光来看待你的爱情生活。放松，要知道爱情本就反复无常，不可预测。

敞开心扉去迎接不期而遇的惊喜。

敞开心扉去迎接不期而遇的惊喜吧。去努力创造自己的绚丽爱情故事。最后，抛弃追求完美主义的念头。你要做的就是等待意外，拥抱惊喜。

课堂小提示

很简单，遵从你的真心，说“我愿意”，记得带上鲜花。

巴黎魅力课堂词汇表

Absolument! 绝对!

À la francaise 法式

Amour 英语和法语中的“爱/爱情”

Apéro 开胃酒

Armagnac（法国阿马尼亚克地区产的）雅文邑白兰地

Arrondissement（法国的）行政区

Ballerinas 芭蕾舞鞋

Bisous 面颊吻，法国典型的打招呼方式

Boulangerie 面包店

Cage d'amour 爱之牢笼，一种看起来像灯笼的橘红色的花

Chambre de bonne 佣人房，位于顶层的小房间，相当于一个小型公寓

Changez d'itineraire 改变行程，改变视野

Changer les idées 改变想法、观念、生活

Chinoiserie 中国风，中国工艺品，也指受17世纪末到18世纪末的中国影响而形成的艺术形式或生活方式

Conter fleurette 调情

Coup de foudre 一见钟情

Daube 红酒炖牛肉

De trop 比想象中要大很多

Fromage 奶酪，在法国人的生活中奶酪是非常重要的，至少有400个不同品种

Gastronomique 享受美食

Gâteau au yaourt 酸奶蛋糕

Haute couture 高级时装

Hôtel Particulier 装饰华丽的私人旅馆，每次只向一个家庭单独出租

Je ne regrette de rien 我无怨无悔。因法国歌手伊迪丝·琵雅芙出名

La Rentrée 开学季、开工季，法国人从他们为期五周的假期归来，在享受了美妙的日光浴，养精蓄锐后，为新的工作和学习生活做准备

Le Bleuet de France 法国蓝，传统意义上代表法国的颜色，12世纪起便开始为王室所用，现代意义上的法国蓝颜色更明亮，常用于运动领域

Le Jardin d'Iseult 伊索尔德的花园，位于康沃尔城堡外的花园，是特里斯坦和伊索尔德约会的圣地，出自西方爱情悲剧《特里斯坦和伊索尔德》

Le Jardin du Port 港口花园

Le regard 男人注意你时的目光，法国女人出门时打扮得最好看，让别的男人和女人都注意到她们

Le Rock 摇滚舞，摇滚乐

Madame Gentille 可爱太太

Mariner 由可可·香奈儿和布里奇·芭铎设计的布列塔尼条纹衬衫，是每个法国女人衣柜中的主角，小帆船公司则是受人喜爱的海魂衫的创造者

Mettre son grain de sel 不合时宜地插手或插话

Mon dieu 天哪

N'est ce-pas? 不是吗?

Objet d'art 艺术品。用法国人发现美和优雅的眼睛看待事物，任何东西都可以是艺术品

Oh la la! 天哪！法语中“过多”的意思，通常用来表达某种痛苦，有时也表示追悔莫及或惊叹

Ooh la la! 法语Oh la la!的美国化，表示某种极好的或性感的事情，可以追溯到19世纪20年代，那时正是狂野美好的爵士乐时代，美国人都涌向巴黎，那时的“过多”意味着“刚好”

Orezza 拥有“精致气泡”的气泡水品牌，法国人经常谈论在其他气泡水中发现的“残酷”，他们对气泡水的产地也非常挑剔

Paris plages 巴黎沙滩节，2006年的时候，巴黎市长把塞纳河旁边的道路布置成人工沙滩，让巴黎人在不离开巴黎的情况下也能感受在海边度假的乐趣

Salon du vintage 复古沙龙，巴黎一年一度展示并出售上了年头的衣物、家具、珠宝首饰和其他物件的集市

Saucisson 红肠，干肠，典型的野餐食物

Secret de Jardin en Essonne 埃松省的秘密花园，埃松省位于法国西部，秋天的时候会举办各种秘密花园派对来庆祝丰收

Spécialité de la maison 店内特色菜

Sur un petit nuage 形容扬扬得意，飘飘然

Un flâneur 选择闲散生活方式的人，法国人都用开放的心态和极大的热情接受这种生活方式

Une femme d'un certain âge 某一特定年龄段的女性

Vélib 巴黎的公共自行车出租系统，法国重要的交通方式，特别是在巴黎，女人们经常穿着高跟鞋和漂亮的裙子骑自行车

Ville de Lumière 光之城，巴黎的别称

Vive la différence 差别万岁，通常指的是男女之间的差异，被奉为法式爱情的秘诀

译名对照表

序言

伊丽莎白·巴德 Elizabeth Bard

凯特·坎普－格里芬 Kate Kemp-Griffin

比阿特丽斯 Beatrice

塔尼亚·福瓦特 Tania Fovart

1

花神咖啡馆 Café de Flore

伊迪丝·德·贝尔维尔 Edith de Belleville

《伊迪丝巴黎之旅》*Edith's Paris*

蓝色沙龙 Chambre Bleue

哈利酒吧 Harry's Bar

《生活之乐》*Joie de Vivre*

哈里特·韦尔蒂·罗切夫特 Harriet Welty Rochefort

露西·沃德姆 Lucy Wadham

《法国秘密生活》*The Secret Life of France*

劳尔·阿德勒 Laure Adler

《读书的女人是危险的》*The Women Who Read Are Dangerous*

2

阿洛伊斯 Aloïs

奥迪恩 l'Odéon

猫头鹰餐厅 Le Hibou

巴黎人穿搭 Dress Like a Parisian

孔代路 Rue de Condé

朗达·里奇福德 Rhonda Richford

布西咖啡馆 Café le Buci

《时尚美魔女》*Advanced Style*

安娜旧衣店 Le Grenier d'Anäis

佩罗立耶大街 Rue Peyrolières

3

《米妮公主》*Minnie the Moocher*

马塞尔 Marcelle

雷娜塔 Renata

圣西普里安 l'Espace Saint-Cyprien

4

塞尔维 Sylvie

《法国女人不单睡》*French Women Don't Sleep Alone*

瓦库洼湾 Waquoit Bay

弗雷迪 Freddie

内申 Nation

烟室咖啡馆 Café Le Fumoir

高皮耶山丘 Kopije

翱翔火烈鸟 Soaring Flamingo

5

奥斯德利兹站 Gare d'Austerlitz

萨克拉 Saclas

《裸露巴黎》*Paris Undressed*

法国内衣秀 Paris Lingerie Tours

粉红内衣 Pink Bra Bazaar

韩赛尔与格蕾特 Hansel and Gretel

梅里维尔 Méréville

奥维拉尔 Auvillar

苏珊·古博娜 Susan Gubernat

拉辛路 Rue Racine

圣杰曼大街 Boulevard St. Germain

矛伯 · 缪杜里地铁站 Metro Maubert Mutualité

6

玛琳 · 博多斯 Marine Bordos

南希 Nancy

瓦莱丽 Valerie

美味收藏店 Ma Collection Marchande de Saveurs

玛莎林街 Rue Mazarine

卡罗尔 · 吉洛特 Carol Gillott

巴黎早餐 Parisbreakfast

韦尔济 Verzy

凯歌大厦 Veuve Clicquot's mansion

老喜剧院街 Rue de l'Ancienne Comédie

普罗可布咖啡馆 Café Procope

丹妮丝 Denise

蒙霍伊 Montjoi

拉格泰姆牛仔 Ragtime Cowboy

7

多芬大街 Rue Dauphine

闪电泡芙店 L'éclair de Génie

朗布依埃侯爵夫人 Catherine de Vivonne Marquise de Rambouillet

迪韦勒鲁瓦 Duvelleroy

阿比 · 蔡斯 Abby Chase

阿梅利街 Rue Amélie

玛琳 Marine

米米 Mimi

8

私家巴黎 Personal Paris

妮可 Nicole

阿贝斯地铁站 Metro Abbesses

小帆船公司 Petit Bateau

特别酒店 Hôtel Particulier

玛斯科特小酒馆 La Mascotte

"众神之珠" La Perle des Dieux

9

吉姆 · 海恩斯 Jim Haynes

托比伊苏里街 Rue de la Tombe Issoire

18号修拉别墅 18 Villa Seurat

《世界公民在巴黎家中》*World Citizen at Home in Paris*

《法国女人的快乐学》*Bonjour, Happiness*!

10

迪克西杯组合 Dixie Cups

《爱的教堂》*Going to the Chapel of Love*

莫尔贝克村 Morbecque

伊普尔 Ypres

安娜 · 盖兰 Anna Guérin

11

世界咖啡馆 Café Du Monde

12

《百丽灵感杂志》*Belle Inspiration Magazine*

波拿巴咖啡馆 Café Bonaparte

13

克里斯托 · 肯尼 Krystal Kenney

内穆尔咖啡馆 Café Nemours

温蒂妮 Ondine

杰西卡 · 李 Jessica Lee

致谢

写一本好书，

其难度系数不亚于做一瓶美味果酱。

——乔治·桑

恭喜你！亲爱的读者，你已经抵达巴黎式魅力之旅的终点。现在，是我们告别的时刻了。

你想象着自己的确在巴黎魅力学院就读。我们正在举行一场盛大的毕业典礼，你穿戴好毕业礼服，典礼上大家拥抱交谈，人人都热泪盈眶。

接下来，女校长（也就是我）走向讲台，向学生、老师、工作人员、朋友以及曾经共同努力过的大家一一致谢。好了，话已至此，我要开始致辞了。

非常感谢我的经纪人艾琳·古德曼，她与我一起共事，勤勤恳恳，给我建言献策，并想出了“巴黎式魅力”这一概念。

我十分感激兰登书屋的新任主编玛丽安·丽兹。她是一位出色的专家，也是《巴黎式魅力》可信赖的顾问，带我领略了一段奇妙的旅程。

我也十分感谢我可爱的朋友兼旅行伴侣杰西卡·李。她总是一如既往地陪在我身边，阅读编辑我的文章，帮我检查法语的语法和拼写。其实，我把她视为法语专业的“临时主任”。

我想感谢我优秀的读者们玛丽安娜·施密特、凯莉·凯尼和林赛·阿尔。她们既聪慧又甜美。

我想对所有居住在法国的朋友道一声感谢，他们慷慨地提供自己的见解、食谱和爱情故事。

我还想感谢朋友和家人，他们在有关舞蹈、花、爱情、烹饪的方面各抒己见。

我衷心地感谢我美丽且富有智慧的法语老师M女士，她总是在我身旁，给予我爱、智慧和支持。

感谢弗吉尼亚创意艺术中心为我的法国奥维拉尔之行提供资助。感谢在法期间，谢丽尔和约翰给予我的陪伴和友谊。

感谢我的丈夫汤普森，在我们家的农场留给我专属的创作空间。他有许多农活要做——种苗、修剪苹果树、喂鸡……但他却给我时间和空间，让我远离世俗的纷扰(比如洗衣做饭)，能够专心投入这本书的写作。

最后，感谢你，我亲爱的读者，感谢你们这么多年来给我的灵感和支持。

请记住：魅力无价，人人都可以拥有魅力。魅力充满魔力，你越是提升个人魅力，你周围的世界便会越发迷人。

最后，恭喜你毕业，衷心祝愿你一切顺利，万事如意。

现在，快行动起来，变得魅力四射吧。